Premiers pas d'un apprenti chrétien

18, rue Barbès, 92128 Montrouge Cedex
ISBN : 978-2-227-48597-6

Thierry Bizot

Premiers pas d'un apprenti chrétien

bayard

Présentation

C'était en 2008... Thierry Bizot venait de faire paraître un livre qui allait connaître un beau succès, et faire le tour des rédactions des médias chrétiens. Ce livre, paru chez un grand nom de l'édition française, parlait d'une rencontre amoureuse peu commune. Thierry avait rencontré Jésus... et ne s'en était pas remis. *Catholique anonyme*[1] m'avait fait rire, beaucoup, et m'avait touchée aussi par l'authenticité du récit. Il y était question d'émerveillement, de joie de vivre, d'amour renouvelé. Thierry, comme bien d'autres avant lui, s'était converti. Et s'il parlait de cet évènement avec des mots que n'auraient pas reniés certains auteurs mystiques, il y avait chez lui un humour décalé et un sens des réalités qui apportait à son témoignage une touche toute person-

1. T. Bizot, *Catholique anonyme*, Paris, Seuil, 2008. Adapté au cinéma sous le titre *Qui a envie d'être aimé ?*, en 2011.

nelle. *Catholique anonyme* s'adressait à un lectorat qui débordait de loin le cadre ecclésial et son éditeur ne s'y était pas trompé...

Rendez-vous fut donc pris avec l'auteur, que l'on découvrait également producteur à la télévision et co-créateur de la célèbre série « Fais pas ci, fais pas ça », série comique grand public qui fait rire aux larmes un grand nombre de familles françaises. L'entretien s'est révélé bien plus riche que prévu. C'est que Thierry parle, beaucoup, et bien. C'est un conteur, fin et attentif, qui ne se laisse jamais distraire par un appel téléphonique ou un e-mail intempestif. Il est tout à son affaire. Et son affaire, c'est Jésus. Comment s'étonner dès lors de la formidable carrière de témoin qui s'est ouverte à lui ? Pas une paroisse, pas un groupe de prière, pas une classe de terminale à qui il n'ait donné son témoignage. Tout cela bien sûr, au milieu d'un agenda surchargé de chef d'entreprise stressé. Certaine que la fraîcheur de son ton et son humour tendre plairaient aux internautes de croire.com, je lui ai proposé d'ouvrir un blog dans lequel il raconterait ses premiers pas de nouveau croyant. Il avait carte blanche. D'emblée, il a accepté, juste un peu inquiet de l'aspect technique. Il n'était pas encore un internaute très averti...

Le blog a démarré lentement ; il s'agissait d'écrire au jour le jour sa vie de « converti », avec ses joies et ses peines. Peu à peu, Thierry a mis en place une petite organisation. Il écrit tous les samedis matin, quoi qu'il arrive. En vacances, au milieu d'une tempête professionnelle, en voyage à l'étranger, il poste son message, commentant un passage de la Bible, racontant sa vie avec Jésus, détaillant des rencontres improbables. Se dessine alors, au fil des messages, un nouveau récit, toujours rempli d'humour et d'autodérision, de ses premiers pas de croyant. Retour à la messe, découverte de la prière, et de ses difficultés, désir de Dieu qui s'affine, se précise, s'approfondit. Thierry n'est ni Madeleine Delbrêl, ni Maurice Zundel, encore moins Thérèse de Lisieux (des auteurs qu'il cite souvent). S'appuyant toujours sur un évènement de sa semaine, souci professionnel, émerveillement devant la nature, rencontre, détail de la vie quotidienne, il élève le propos et le transforme. Et puis, il y a cette façon de parler du Christ comme un amoureux transi qui craint que le sentiment ne s'effiloche. Peu aujourd'hui dans l'Église s'autorisent de tels débordements. Dire que l'on aime Jésus comme un amant aime sa maîtresse en gêne plus d'un. Relent de mysticisme peu compatible avec une foi où la raison domine, entendra-t-on. Vieux débat dans notre Église. Mais Thierry n'a cure de ces sous-entendus. Il aime, un point c'est tout. Et il aime quelqu'un, qui, un jour, lui a parlé et qui se révèle encore et toujours dans sa vie ; il le cherche, lui parle, s'inquiète quand il semble aux abonnés absents, se réjouit de son retour. Et ça marche...

Au début, la moisson était maigre, peu de blogueurs étant au rendez-vous. Peu à peu, son auditoire s'est élargi, devenant une communauté très active qui lui répond, l'interpelle et le suit dans ses moindres post. Aujourd'hui, ils sont nombreux à discuter ferme avec lui. La plupart sont des aficionados qui ont lu son livre, vu le film que sa femme en a tiré (*Qui a envie d'être aimé?*), ont assisté à l'une des innombrables conférences où il s'est rendu. Ils lui disent bonjour, bonsoir, lui envoient des textes à lire, réagissent au quart de tour, échangent entre eux de profondes interrogations. Comme le dit l'un d'entre eux : « On n'y parle pas des choses de la religion chrétienne comme d'un savoir à enseigner et à diffuser. Nous y partageons notre propre vie, nos propres pensées traversées et transformées par une mystérieuse expérience de foi qui n'est pas facile à cerner. »

Sur le blog de Thierry, on parle donc de la foi, essentiellement, rarement de l'actualité de l'Église, encore moins de l'actualité tout court. Et c'est pour cela que je lui ai proposé de rassembler ces post, et d'en faire un livre. Réunis bout à bout, ils se sont révélés riches de sens. C'est toute une vie qui se déroule, au fil des saisons et des allers et venues de la grâce. Il sera, nous l'espérons, utile à tous ceux qui essaient, tant bien que mal, de mener une vie à la suite de Jésus. Ils y trouveront de quoi avancer, de quoi remercier, de quoi se plaindre. Thierry trace une route, qui est la sienne mais ressemble à celle de beaucoup. Son talent, et sa force, est de le faire avec simplicité.

Aujourd'hui, cinq ans après son premier message, Thierry est toujours fidèle à croire.com. Son « doux billet », comme l'appelle une blogueuse, est, chaque semaine, attendu et commenté. Il y est toujours question de la joie, si différente du plaisir, de la prière qui va et vient, de l'enfer et du paradis, toujours mystérieux, et de cette brûlure du cœur dont parlent si bien les pèlerins d'Emmaüs.

Sophie de Villeneuve
Rédactrice en chef de croire.com

Bonnes Sœurs

Mercredi 12 novembre 2008

J'aime les bonnes sœurs. Elles me touchent beaucoup.

Elles sont parfois grassouillettes.

Ou bien longues, fines, maigres comme des vieillards avaricieux.

Souvent, me semble-t-il, leur teint est frais, rose, elles ont de bonnes joues rebondies et respirent un bonheur tout simple.

Parfois, elles ont la peau jaune.

Leur regard est franc, il vous cueille directement, sans agressivité. On y trouve parfois une pointe de timidité ou de pudeur.

Elles marchent souvent deux par deux, la tête baissée, comme si elles étaient concentrées sur un but précis. Parfois la plus jeune, qui aimerait presser le pas, attend la plus âgée, qui prend son temps.

Malgré leur uniforme, elles se fondent sur le trottoir

parmi les anonymes indifférents. Les passants ne les remarquent même pas.

Mais moi, quand je les vois, je ressens une petite joie; un élan de sympathie me donne envie d'aller les trouver pour leur dire : « Je suis de la maison. »

Non, vraiment, j'aime bien les bonnes sœurs.

Se laisser trouver par Dieu

Jeudi 13 novembre 2008

Chaque jour, en ouvrant les yeux, je pense à Jésus, comme pour vérifier qu'il est bien là. Je suis inquiet à l'idée de me réveiller un matin et ne plus ressentir le besoin de sa présence dans ma vie.

En effet, j'ai connu une telle profusion de grâce, une telle abondance de joie depuis qu'il est entré dans ma vie, qu'aujourd'hui où mon cœur semble s'être un peu tari, je m'en trouve anxieux. Le charme serait-il rompu ? M'aurait-il abandonné ? Que faire pour lui être agréable ?

J'ai posé la question à mon seul ami prêtre, Éloi. Il m'a répondu de ne pas trop m'en faire ; Dieu saura me trouver quand Il aura besoin de moi.

Je repense à une phrase de Benoît XVI qui m'a touché, lors de son discours aux Bernardins : « Il faut se laisser trouver par Dieu », et à celle de Frère François Cassingena-Tréverdy : « Il faut apprendre à se taire, car Dieu parle sans faire de bruit. »

Je comprends qu'il faut laisser sa fréquence ouverte et attendre avec patience, sans exiger de résultats concrets et immédiats. L'attente peut s'avérer longue et désarmante.

Partir travailler comme si de rien n'était, faire de son mieux, se plonger dans la mêlée de la vie, sans retenue, de bon cœur.

Et garder toujours une oreille ouverte pour ne pas rater Son appel, s'il doit venir.

Apprenti chrétien

Jeudi 20 novembre 2008

Je reçois une lettre de Belgique. Un jeune auteur a lu le témoignage de ma conversion. Il me félicite, se dit touché par mon livre.

Et il justifie son émotion par sa propre expérience : lui aussi a un jour rencontré Jésus.

Ce qui fait de lui, m'écrit-il, un *apprenti chrétien.*

J'aime cette expression.

Elle résume ce que je suis : un apprenti, un débutant, un ignare, un incompétent, qui commet bourde sur bourde. Mais aussi l'apprenti sur lequel on fait reposer ses meilleurs espoirs.

C'est moi.

Je reçois le récit d'une moniale qui me raconte le parcours de sa vocation. Un passage me saute aux yeux : « Mais je dois reconnaître que, si j'étais croyante, je n'étais pas réellement "chrétienne" : j'avais peur de Dieu quelque part, à tel point que je me sentais incapable de dire la prière de Père de Foucauld : "Mon Père je m'abandonne à Toi... quoi que Tu fasses de moi je te remercie..." »

C'est encore moi.

On est moins seuls qu'on ne le pense.

Les petites lettres qui m'émeuvent

Vendredi 21 novembre 2008

Depuis que j'ai raconté ma rencontre personnelle avec Jésus et le bonheur qu'il m'apporte, je reçois de drôles de témoignages...

Il y a des groupuscules de prière qui m'invitent dans leurs soirées privées pour me voir et m'entendre.

Il y a des illuminés qui disent prier pour moi.

Une vieille dame m'a annoncé la fin du monde... pour très bientôt.

Une autre, charmante, âgée de 99 ans, à l'écriture vive et incisive comme un vent d'automne, m'envoie des lettres manuscrites que j'attends avec impatience.

Des types qui ont connu un peu la même chose que moi, qui l'ont relatée par écrit aussi, me font parvenir leurs manuscrits, que je lis avec curiosité.

Un grand patron m'a invité à déjeuner dans son club privé pour me parler de Jésus, entre un foie gras et des Saint-Jacques à la plancha.

Un autre est venu m'attendre en bas de chez moi. Nous avons pris un café ; dix minutes après notre rencontre, on se tutoyait. Deux heures plus tard nous étions amis.

Des bourgeois m'invitent à dîner dans leur maison. Au début ils sont un peu gênés, mais après quelques verres de bordeaux, la maîtresse de maison me raconte qu'elle a vu la Vierge. Son mari lève les yeux au ciel et vide son verre. Elle parle de tout ça comme si elle commentait le dernier bulletin de notes de son fils, si doué pour les études. Moi aussi je vide mon verre.

Et puis il y a ces petites lettres qui me parviennent presque chaque jour, et qui m'émeuvent par leur simplicité, leur sincérité, leur générosité.

Ce sont de petits clins d'œil que me fait Jésus pour m'encourager, tant il sait que je manque de courage.

Premiers commentaires

Dimanche 23 novembre 2008

La responsable de ce blog m'a annoncé que celui-ci venait d'être mis en ligne. Je n'ai pas prêté une grande attention à cette information, tant je me concentre à trouver dans mon emploi du temps familial et professionnel le temps d'écrire ces petits billets d'humeur. Pour l'instant, ma plus grande préoccupation est de savoir si je trouverai toujours quelque chose à dire. Vais-je finir par tourner en rond et lasser les lecteurs ? Y en a-t-il seulement ?

Et puis un de ces soirs, à l'heure d'enregistrer un nouveau petit article, j'ai découvert avec stupeur qu'il y avait désormais sur le site des commentaires, accrochés aux quatre messages publiés... Curieux, j'ai cliqué dessus. J'ai été à la fois étonné, flatté par leur profusion, touché par leur contenu, et... un peu dérangé, mal à l'aise, sans trop savoir pourquoi.

Je me suis couché là-dessus.

Le lendemain j'y pensais encore. Le malaise était toujours là. C'était comme si je venais de découvrir la portée de mon action, immédiate et concrète. Cette responsabilité me dépassait et m'effrayait un peu… J'ai immédiatement pensé à Pierre, demandant à Jésus de l'aider à marcher sur l'eau. Au début, il y parvient (et on imagine sa stupeur et son excitation), puis sa foi flanche et le voilà obligé d'implorer de l'aide pour ne pas se noyer. Je flanchais, moi aussi… allais-je continuer à écrire mes messages, si ceux-ci avaient vraiment un effet ? Ça me faisait peur, d'un coup, cette nouvelle responsabilité comme si j'avais été trop loin, comme si j'avais accepté cette proposition de façon trop désinvolte, sans en mesurer les conséquences.

Mais quelles conséquences ? Pourquoi redouter quelques commentaires plutôt bienveillants et sincères ?

Et puis un message, plus sévère que les autres, surgi dans ma messagerie telle la voix du Commandeur, est venu mettre ses mots sur mon malaise : il m'expliquait en substance que c'était bien gentil de ma part de raconter mes petites sensations, mais que cela ne suffisait pas, qu'il fallait agir, s'engager, se donner complètement au service de Jésus…

C'est précisément ce qui me fait si peur, cet engagement que je n'ai pas pris, cette absence d'action culpabilisante qui écrase la légèreté de mes messages, me révélant leur futilité.

« Quand on parle de Jésus »

Mercredi 26 novembre 2008

Je suis toujours étonné de constater l'effet que je fais aux gens quand je parle de Jésus.

L'autre soir, lors d'une avant-première de film où se rencontraient les gens du métier, alors qu'on s'échangeait les compliments d'usage, avec force exclamations et plaisanteries, je me suis retrouvé au centre d'une petite conversation à propos de Dieu, une coupe de champagne à la main.

De fil en aiguille, j'ai fini par avouer que j'entretenais depuis près de deux ans une relation quotidienne, émotionnelle et personnelle... avec Jésus.

Les gens ne montrent jamais d'étonnement face à ce genre d'affirmation.

Ils s'en réjouissent plutôt, même ceux qui ne croient pas. Ils manifestent souvent un vif intérêt, une curiosité qui se réveille vite. Ils me posent des questions, ne me lâchent plus, me relancent, veulent en savoir un peu plus. Toujours plus.

Il s'ensuit comme une pluie de fraîcheur, une sorte d'éblouissement partagé, qui nous éclabousse et nous réunit.

Et quand vient l'heure de se séparer et de réintégrer nos vies respectives, on se dit au revoir comme si de rien n'était.

Mais on sait bien qu'il s'est passé quelque chose. Quelque chose qui reste. Quelque chose qui nous serre le cœur.

La brebis égarée

Jeudi 27 novembre 2008

L'autre jour, je suis allé raconter (on dit « témoigner » en langage catho) mon histoire (ma « conversion ») à des élèves de seconde dans une école de filles. Cela s'est passé le plus simplement du monde, on m'avait installé sur une petite estrade, j'avais un micro à la main. Les élèves étaient assises en face de moi, bien sagement.

J'avais le trac. Mais j'étais content d'être là ; j'espérais secrètement que le récit de mon expérience allait réussir à en toucher au moins une. Une sur la centaine qui étaient là ce jour, comme dans la parabole de la brebis égarée. Ça doit être mon indestructible ego qui se flattait tout seul à l'idée d'obtenir un résultat si romanesque : rattraper une brebis en perdition, aller la chercher très loin et la ramener dans le droit chemin, lui apporter par mon seul discours un petit coin de ciel bleu, une perspective nouvelle...

Impénitent vaniteux...

Ces jeunes filles étaient là parce qu'elles n'avaient pas le choix. Elles n'étaient pas perdues, elles étaient là, c'est tout. Jusqu'à la prochaine sonnerie.

Alors je me suis lancé, j'ai essayé de les faire un peu rire, en décrivant le croyant peu convaincu que j'avais été pendant de longues années, m'ennuyant à la messe comme personne (ah ça oui, ça les a fait rigoler... on sentait du vécu dans la salle).

Et puis je me suis enfoncé au fur et à mesure dans mon récit, et l'émotion m'a gagné, comme toujours. J'ai habilement contourné les moments où ma voix menaçait de s'étrangler pour arriver à la fin sans avoir pleuré devant elles.

Après cette séance, qui m'a sans doute fait plus de bien qu'à elles, une jeune fille est venue me trouver pour me dire qu'elle avait perdu la foi depuis qu'un décès dans sa famille l'avait profondément blessée, mais que mon récit l'avait bouleversée. Elle était là, devant moi, les bras croisés, la voix un peu rauque, et son attitude était pleine de douceur et de courage.

Je la regardais, interdit, sans pouvoir m'empêcher d'admirer cette fille un peu paumée qui venait de me sauver, moi la brebis égarée.

Croire, c'est raconter

Vendredi 28 novembre 2008

L'autre soir, je suis allé raconter ma conversion à des paroissiens que je ne connaissais pas.

Après mon exposé, une main s'est levée et on m'a demandé : « Mais au fond, comment vous êtes-vous rendu compte que vous aviez la foi ? »

Bonne question, à laquelle je ne savais a priori pas répondre ; en effet, la grâce ne m'est pas tombée dessus un beau jour, dans un grand rayon de lumière céleste. Je ne me suis pas réveillé non plus un matin avec la foi en plus. Enfin je ne suis pas tombé à genoux dans une église, le visage baigné de larmes après une soudaine révélation divine... Non, mon parcours a été plus long, terne, peu spectaculaire. Et je ne me rappelle pas de l'instant particulier où je me serais dit : « tiens, ça y est, j'ai la foi maintenant ».

Et pourtant, ce soir-là, devant les paroissiens, sans que j'aie à y réfléchir, la réponse m'est venue spontanément :

j'ai trouvé la foi en racontant mon histoire. C'est en la racontant une première fois à un ami avec qui je déjeunais, puis à ma femme, à ma mère, que j'ai pris conscience de n'être plus tout à fait le même. C'est en détaillant les petites anecdotes de mon parcours sans éclat que j'ai découvert la géographie, l'étendue de la grâce que j'avais reçue comme un don. C'est en parlant que j'ai ressenti mes premières émotions, chez moi comme chez mes interlocuteurs. Et plus je racontais ma petite histoire, toujours la même histoire, et plus je découvrais des choses nouvelles, et plus je pouvais mesurer l'importance de cette grâce dans ma vie.

C'est en parlant, en racontant, que j'ai dit un jour : « J'entretiens une relation personnelle et amoureuse avec Jésus. »

Si je ne l'avais pas dit, je ne l'aurais peut-être jamais su. C'est donc en explorant par oral les choses que j'avance dans ma foi. C'est un phénomène tout à fait étonnant.

Et je ne saurais que trop conseiller à tous d'essayer de raconter, même timidement, même petitement, ce à quoi vous croyez, ce dont vous doutez, pour découvrir que vous possédez depuis longtemps un trésor inexploré en vous.

Comme si la mer s'était retirée...

Samedi 29 novembre 2008

Ce matin, comme si la mer s'était retirée, ma foi tout entière s'est éteinte. Un soleil métallique d'hiver s'est levé sur la ville, et je suis dans le noir.

Je ressens comme une transparence désespérante, un creux au ventre.

Pour la première fois depuis tant de mois, c'est le vide. Froid, sans odeur. Un moment terriblement calme.

Je relis mes derniers messages et ne m'y reconnais plus. C'est comme si j'étais dans un mauvais film et découvrais avoir été un autre, un étranger, un inconnu qui parlait à ma place...

Comme si j'avais perdu le toucher, l'ouïe, l'odorat. Je me sens mutilé. Je ne souffre pas, mais je suis en rase campagne. Abandonné.

Je me rappelle d'un prêtre qui nous racontait comment Dieu « se retirait de lui-même » pour créer une soif de Lui en nous, avant de Se montrer à nouveau...

J'avais trouvé ça intelligent, je pensais comprendre le « concept ». D'ailleurs, depuis que la grâce m'était tombée dessus, j'avais l'impression de tout comprendre. Mais à présent je ne sais plus rien.

J'ai dû perdre la mémoire... J'essaye de me remémorer les bons moments avec Jésus, l'affection que j'ai sincèrement ressentie pour lui, le chemin que nous avons parcouru ensemble... rien ne me vient.

Je me demande s'il s'agit d'une mauvaise blague. Ou bien alors je n'aurais été depuis le début qu'un imposteur, un clampin, un pauvre type en mal d'amour qui s'est raconté des histoires ?

Je ne veux pas y croire. Je n'y crois pas.

Ou bien Dieu est-Il en train de me tester, pour voir si à la première échauffourée je me débine comme un minable.

Je ne sais pas. Je vais attendre. La mer va revenir et avec elle le flot de tendresse dans lequel je suis *sûr* de m'être baigné.

Difficile de faire confiance...

Mercredi 3 décembre 2008

Plus j'avance dans la jungle de ma foi, plus elle devient obscure, touffue, inquiétante, mystérieuse. J'entrevois parfois un coin de ciel bleu et le rayon bénéfique et oblique d'un soleil venant caresser fugitivement ma joue... puis de nouveau cette obscurité encombrée de mille obstacles savamment disposés là par mes soins pour m'empêcher moi-même d'avancer. C'est comme si je cherchais un objet minuscule, dans le noir dans ma cave encombrée d'inutiles souvenirs, accumulés depuis des années dans l'angoisse de lâcher, de jeter, de se délester...

Ma foi, si elle existe, est dans l'obscurité, et c'est oppressant.

Parfois j'ai envie de dire « pouce ! », d'arrêter ce petit jeu, de ne plus avoir à croire quelques instants pour me reposer.

Et puis je finis par me dire qu'il faut faire confiance.

Confiance... un mot qu'on aime asséner dans de

nombreuses occasions de la vie, à ses enfants, à son patron, à ses parents, à son conjoint...

C'est quoi, la confiance ?

Je crois que c'est celle que l'on décide de donner. Ce sont ces yeux qu'on ferme quand on aimerait tant les ouvrir. C'est cet abandon (toujours l'abandon !) auquel on a tant de mal à accéder. Tout est dans l'abandon...

Mais pourquoi mes doigts sont-ils naturellement aussi crochus et mes mains si habiles à s'agripper à la vie ?

Alors un matin, un peu fatigué de lutter, je décide de faire confiance à Jésus. C'est un début.

Ça ne m'empêche pas de continuer à me cogner dans le noir, et de pester tout seul dans mon coin. De me sentir abandonné.

Et puis je tombe par hasard sur l'évangile où Jésus dit : « Je serai avec vous tous les jours, jusqu'à la fin des temps. »

Petit réconfort.

Caniches mouillés

Mercredi 3 décembre 2008

Derrière mon apparence soignée, peignée, lustrée, diplômée, sous mes discours qui me mettent si bien en valeur, je suis un petit caniche mouillé, minable et tremblant de peur.

Je me cache dans mes vêtements, derrière mon bureau, à l'ombre des arguments brillants qui me disent et me redisent combien je suis intelligent, combien je réussis, comment je suis un type bien...

Je me planque dans ma cachette personnelle, bien douillette, et quand je me retrouve seul avec moi-même, sans plus aucun besoin de parader... eh bien je continue de parader, de me pavaner pour moi tout seul, tellement je redoute d'affronter le petit caniche mouillé qui tremble comme une feuille au fond de moi et qui me fait honte. Après avoir raconté plus ou moins habilement aux autres des histoires qui me mettent en valeur, je me les raconte à moi-même. C'est pathétique, et c'est ainsi.

Que de temps perdu à sauver les apparences !

Le pire, c'est qu'au-delà des balivernes que je raconte consciemment pour me faire mousser, il y a toutes celles que je dis inconsciemment !

Et quand quelqu'un, avec un certain bon sens, me le fait remarquer, je suis vexé comme un pou.

Eh oui, malgré mes meilleurs efforts, au fond de moi, l'essence de ce que je suis est ce piteux caniche mouillé, terrorisé... voilà la vérité, toute simple. Tout le reste n'est que comédie.

Mais – car il y a toujours un « mais » – quand, une fois de temps en temps, dans un sursaut inattendu de courage et de lucidité, j'avoue à l'autre, sans fausse modestie et sans chercher la contradiction rassurante, l'être minable que je suis, alors les visages s'éclairent timidement et c'est comme si les portes du ciel s'ouvraient ; reconnaissants, les cœurs se dilatent, les paroles se libèrent dans un soulagement. J'ai osé dire ce que tout le monde sait... et ça fait du bien.

Si seulement on perdait moins de temps à se montrer plus beau qu'on n'est, le monde en serait changé.

État d'âme

Jeudi 4 décembre 2008

Ce matin, un message m'a cueilli à froid, ce qui est une bonne chose. « Je me demande si vous n'en faites pas un peu trop dans la complaisance avec vous-même », me dit-on avec une belle franchise que je n'ai pas encore tout à fait apprivoisée.

Je comprends cette interpellation, parce que je me pose la question depuis que j'ai commencé ce blog. J'y prends un plaisir dont je me méfie : il se pourrait bien qu'il soit plus le symptôme de mon narcissisme, que de ma joie d'être un disciple de Jésus.

Un peu plus tard dans la journée, l'évangile du jour vient me secouer à nouveau : « Il ne suffit pas de me dire : "Seigneur, Seigneur !", pour entrer dans le Royaume des cieux; mais il faut faire la volonté de mon Père qui est aux cieux... » Le commentaire qui l'accompagne est de saint Jean de la Croix : « Pour avancer dans la vertu, il est important de se taire et d'agir, car en parlant on se distrait, tandis qu'en gardant le silence et en travaillant, on se recueille. Dès que l'on a appris de quelqu'un ce qu'il faut pour l'avancement spirituel, il ne faut pas lui demander d'en dire davantage ni continuer à parler, mais se mettre à l'œuvre sérieusement et en silence, avec zèle et humilité, avec charité et mépris de soi. »

Se taire et agir... n'est-ce pas ce que je devrais faire ?

J'ai pensé à tout cela au milieu de mes préoccupations professionnelles, entre deux rendez-vous, pendant mon déjeuner, avec un soupçon d'effroi.

Merci pour cette petite bourrade qui m'a réveillé.

Nombrilisme

Dimanche 7 décembre 2008

Chaque fois que j'en veux à quelqu'un, et que je formule à son encontre des reproches sincères, des reproches que j'ai même parfois « testés » au préalable sur mes proches qui m'ont donné raison, me confortant dans mon sentiment d'avoir raison... eh bien je découvre que chacun de ces reproches m'est directement destiné.

C'est vrai aussi pour les conseils que je donne. Si quelqu'un vient me demander conseil, je me sens honoré et je réfléchis le plus gratuitement et le plus spontanément du monde au meilleur conseil à lui donner. La chose faite, je me rends compte que ce conseil me va comme un gant et que je ferais bien de me l'appliquer à moi-même.

Comme si j'étais enfermé dans un nombrilisme totalitaire qui m'empêchait de sortir de moi-même.

Je traverse des jours de doute ; les forces d'amour qui me portaient se vident comme la poche des eaux ; j'avale ma salive tant je suis désemparé, désorienté, après toutes ces semaines de certitude et de joie.

Alors j'en veux à Jésus qui ne se montre plus.

Les jours passent, puis seulement je commence à réfléchir...

Et je crois que je suis trop content de moi, voilà le problème : mon ego me détourne de la simple relation que j'avais avec Jésus. A priori je ne sais pas quand mon ego va se dilater, mais je le devine tout de même par des symptômes qui ne trompent pas : je m'énerve de la vanité des autres, je fais des rêves éveillés dans lesquels je me donne le beau rôle, je pense à dire à des proches leurs quatre vérités... alors je sais que mon ego a pris le pilotage automatique de ma vie.

Pas étonnant que je me retrouve abandonné, seul avec cet encombrant moi-même.

J'ai reproché à Jésus de m'avoir quitté. Mais je ne peux que m'en prendre à moi-même : c'est moi qui le quitte sans cesse, alors que je souhaite le retrouver.

C'est bête, non ?

Gratitude

Mercredi 10 décembre 2008

Je marchais dans la rue, je crois.

Ou bien je pensais à celle que j'aime.

Ou alors j'écoutais une chanson de Rufus Wainwright.

Ou était-ce David Bowie ?

À moins que je n'aie été en pleine conversation.

Ou en train de regarder une émission à la télévision.

Ou au cinéma.

Ou simplement en train d'admirer la profondeur d'un regard croisé dans la rue, ou l'élégance d'une silhouette, ou la forme magique d'un nuage dans le ciel obscur de l'hiver.

Qui sait ?

Soudain j'ai ressenti une délicieuse amertume en moi et j'ai immédiatement reconnu un sentiment particulier de gratitude qui me donne envie de rire et de pleurer à la fois.

J'ai reconnu dans cette gratitude la trace légère de Jésus ; voici qu'aujourd'hui il est revenu dans ma vie.

Je suis rassuré.

Et heureux.

Je n'ai qu'une crainte

Jeudi 11 décembre 2008

J'ai rencontré l'autre jour une femme venue écouter mon témoignage ; après mon exposé, elle me parlait avec beaucoup de fluidité, de sérénité et aussi d'érudition de sa longue relation avec Dieu. Elle m'incitait à me plonger dans l'Ancien Testament, que je n'ai pas encore osé affronter.

Au moment précis où j'étais en train de me dire que cette femme devait être une bonne sœur en civil, vu la douceur et la force qui émanaient du récit de sa foi, elle m'a dit : « Ça fait plus de vingt ans que Jésus est entré dans ma vie, et je n'ai qu'une crainte à ce sujet... »

« Laquelle ? »

« C'est qu'il fasse de moi une bonne sœur. »

Comme je lui demandais pourquoi, elle m'a répondu : « Parce que j'aime trop les mecs... »

Je lui ai dit que je comprenais sa crainte, puisque la présence de Jésus chez moi m'inquiète parfois aussi, tant j'ai l'impression qu'il prend une place trop considérable dans ma vie. Je ne me sens pas encore prêt à lui dire : « Prends-moi et fais ce que tu veux de moi. »

Cela n'a pas semblé la soulager.

Alors je l'ai rassurée : « À mon avis, vous n'avez aucune chance de devenir bonne sœur. »

« Pourquoi ? »

« Parce que pour le devenir, je crois qu'il faut le vouloir énormément. »

Elle a souri.

C'est plus fort que moi

Dimanche 14 décembre 2008

Parfois je me sens nauséeux de Jésus. J'aspire à ce qu'il me foute la paix.

J'étais tranquille et voilà qu'il a pris le contrôle de ma vie.

J'ai peur de ce qu'il attend de moi, je me sens d'avance alourdi par son fardeau... et déjà fatigué.

J'aspire alors à l'insouciance et je veux me débarrasser de lui.

Je m'en veux d'avoir ces pensées.

J'ai beau vouloir ne pas lui en vouloir, quand on a mal au cœur, ça ne se commande pas. Je sais bien que je suis un misérable ingrat, un enfant gâté, capricieux, égoïste ; après tout ce que Jésus a fait pour moi, je le rejette ! Je sais...

J'attends alors que sa lumière vienne réveiller mon cœur endormi, alourdi, encrassé, calaminé. Je sais qu'elle viendra, cette caresse de l'Esprit saint.

Et alors je me sentirai penaud et confus en me rappelant tout le mal que j'ai pensé, et je serai pressé de me réconcilier avec lui.

Je sais tout cela.

En attendant, c'est plus fort que moi.

Le simple

Mardi 16 décembre 2008

Discussion animée avec un ami qui a l'impression d'avoir évité les choix discutables de sa vie. Selon lui, avec un peu plus de courage, il aurait connu un tout autre destin... d'où l'intérêt de faire des choix parfois compliqués et difficiles...

Plus je vieillis, plus il me semble au contraire qu'il faille se fier à la simplicité, à la facilité.

Si je marche dans la campagne étouffante, à la chaleur de l'été, avec la soif au fond de la gorge, et que je croise un pommier ombrageux, j'y cueille une pomme délicieusement juteuse et la déguste avec avidité. C'est simple, cette pomme m'attendait, voilà tout. Elle aurait été trop jeune, il aurait fallu tirer dessus pour finir par l'arracher et m'apercevoir de son amertume.

« L'habituel, le simple, sont à même d'être féconds. Il n'est pas possible de vivre tout le temps dans l'extraordinaire. Ce n'est pas lui qui construit nos relations, notre connaissance, notre rapport au monde, pas plus d'ailleurs que notre vie chrétienne... N'est-ce pas dans le simple aussi que se tisse doucement la confiance... » (Véronique Magron)

Je comprends que bien souvent rien ne sert de courir, de s'affairer inutilement, de gesticuler en se donnant une fausse importance. La vie peut devenir facile, quand on l'accepte comme elle vient.

Mais souvent l'effort nous rassure, il semble légitimer nos choix, souligner nos qualités.

Quand Dieu se manifeste à nous, c'est toujours avec une spectaculaire simplicité.

Il y a ceux...

Jeudi 18 décembre 2008

Quand on avoue sa foi à quelqu'un, on ne sait jamais quelle sera sa réaction.

Il y a ceux qui vous regardent, navrés, l'air de vous dire : « mon pauvre vieux... ».

Ceux qui au contraire acquiescent à tout ce que vous dites, en souriant béatement... au point que vous finissez par les prendre pour des simples d'esprit.

Ceux qui s'exclament, trouvant dans votre récit de troublantes ressemblances avec leur propre expérience, « mais ça, ce sont des signes ! », pensant créer avec vous une connivence de cambrioleurs.

Ceux qui restent là, impassibles, réprimant discrètement un bâillement.

Ceux qui en profitent pour vous expliquer la vie ; la leur, en général.

Ceux qui vous racontent leur vie intime sans la

moindre manifestation de sensibilité, vous faisant froid dans le dos.

Ceux qui vous serrent dans leurs bras par surprise.

Ceux qui vous adressent un sourire plein de poésie.

Ceux dont le regard vous bouleverse soudain.

Ceux qui ont compris la même chose que vous ; et ceux qui ont compris autre chose.

Mon petit club

Lundi 22 décembre 2008

Tous les gens qui m'apportent leur témoignage après avoir lu mon livre ou consulté mon blog, forment à mes yeux un petit club.

Un club où tout le monde semble avoir son badge de croyant.

Au début j'espérais que mon livre allait séduire les non-croyants. Je voulais que, comme moi, ils découvrent la joie de la foi, eux qui sont si méfiants ! Pour moi, ceux qui ont déjà la foi ne seraient pas particulièrement intéressés...

Je me trompais. Ce sont eux précisément qui sont émus, étonnés, touchés.

Alors j'imagine ce club comme une bande de bras cassés, de démunis, de pauvres croyants isolés dans leur vie, qui s'entraident les uns les autres en secret... Cette image me va, je m'y retrouve. Je suis content de faire partie de ce club ; il me fait penser à ce que devaient être les premiers balbutiements de l'Église. C'est émouvant de voir les choses comme ça.

Il m'arrive aussi de voir les membres de ce petit club comme des gens pleins de grâce, de sagesse et d'amour.

Et alors je me sens fier d'en faire partie.

Donner sa vie, ou la recevoir ?

Mercredi 24 décembre 2008

Il m'arrive souvent de me dire que je ne suis pas prêt. Pas prêt (ni près) de dire à Jésus : « Vas-y, prends ma vie, fais-en ce que tu veux. Je te la donne... » Comme cet homme dans l'évangile, à qui Jésus dit tout simplement : « Lève-toi et suis-moi », et celui-ci se lève, sans broncher, sans la moindre hésitation, laissant là toute chose... Ce gars-là m'épate. Ce gars-là m'émeut.

J'ai déjà rencontré des gens qui m'ont dit avoir donné leur vie à Dieu ; ils ont pris leur décision... voilà, c'est fait.

Et moi je suis là, à hésiter. Moi j'ai peur, moi je n'ose pas me prononcer de façon radicale et spontanée. Pour le moment, cette peur est ma limite.

Et puis ce soir je reçois une lettre d'une femme qui m'est adressée chez mon éditeur et qui commence de façon bien sympathique : « Je ne sais pas si ce courrier vous parviendra, mais peu importe, j'ai envie de l'écrire... »

C'est une lettre spontanée, charmante de fraîcheur, d'énergie et de gentillesse. Je souris en la lisant... et puis je tombe sur le passage suivant :

« Lorsque vous confiez votre réticence (peur) à *donner* votre vie à Dieu, j'ai envie de rire... cette peur nous l'avons tous car nous projetons sur Dieu nos limites (si j'ose dire, nos petitesses).

Mais j'ai maintenant totalement réalisé que si je donne ma vie à Dieu... *Il ne la prend pas.*

Il la reçoit pour *la remplir* du Don de la vie.

Dieu ne sait pas prendre, Il ne sait *que* donner. Donner sa vie à Dieu, c'est recevoir chaque instant la plénitude de son amour dans notre vie et se laisser porter par Lui. »

Un petit signe d'encouragement...

Jeudi 1er janvier 2009

Lors d'un voyage récent, je devais traverser toute la Sicile un dimanche, avec un programme de visites très chargé. Nous devions atteindre Taormina en toute fin de journée. Tout avait été prévu au millimètre près et je regrettais seulement de n'avoir pu caser une messe dans ce périple. Mais j'étais le seul intéressé et ne voulais pas imposer aux autres mon désir. Nous étions là pour visiter le plus de choses possible. Et je me disais qu'il serait toujours temps d'aller à la messe en rentrant en France...

Je conduisais sur les routes escarpées, admirant les paysages, plongé dans mes pensées, pensant à Jésus et à la relation que j'ai avec lui. Je me demandais si j'en étais digne, et capable de lui être fidèle.

Après un long détour dans les montagnes, nous arrivons Piazza Armerina, charmant petit village, avec pour but de visiter la grande villa romaine et ses merveilleuses mosaïques. Mais on nous annonce qu'elle est en pleine restauration et fermée jusqu'au printemps.

Déception.

On repart, et soudain nous voilà pris dans une tourmente de pluie, qui nous empêche de nous arrêter à Catane. Nous poursuivons donc notre route.

Et nous arrivons à Taormina beaucoup plus tôt que prévu, en milieu d'après-midi. Nous nous installons à l'hôtel et décidons de nous reposer. Je m'allonge sur mon lit avec un bon roman. Je ne pense plus à rien, ni à la messe, ni à Jésus. Je me délecte de ce moment de repos et de l'intrigue de mon roman.

Soudain, l'envie me prend d'aller me balader en ville. J'enfile mon manteau et déambule au hasard, dans les rues animées.

Et je tombe sur une ravissante église.

J'entre à tout hasard et tombe sur une chorale, venue de Messine, répétant quelques instants avant... la messe. Je m'assois. Et la messe commence, pour moi !

Je suis reconnaissant une fois encore à Jésus de m'avoir envoyé comme un encouragement délicat à ne jamais perdre confiance en lui.

Un chrétien acceptable

Jeudi 8 janvier 2009

Depuis quelque temps, j'essaye de moins m'inquiéter. De me laisser aller sans me poser trop de questions à propos de ma foi.

Car si je soulève le couvercle de mes doutes, les voilà ces questions, toutes frétillantes, qui me sautent gaiement au visage : pourquoi Jésus m'a-t-il choisi, moi ? Qu'attend-il ? Va-t-il m'emporter vers des rivages où je ne veux pas aller ? Comment puis-je devenir un chrétien acceptable dans mon travail ? La soif de Dieu qui me bouleverse va-t-elle s'étancher, pour me laisser content mais déçu ? La grâce qu'il m'a donnée va-t-elle s'éteindre, pour me laisser dans le noir ? Est-ce normal que je dissimule un peu l'étendue et l'importance de cette foi auprès de mes proches ? Dois-je continuer à écrire à ce sujet ? Mon ego va-t-il se réveiller à nouveau comme autrefois et réveiller le vaniteux qui sommeille toujours en moi ?...

Et puis je reçois un message d'une amie, avec une citation de saint Paul, qu'elle pense me convenir particulièrement bien : « Je poursuis ma course… ayant été moi-même saisi par le Christ Jésus. Oubliant le chemin parcouru, je vais droit de l'avant, tendu de tout mon être vers le Christ. »

Quand le puits est sec

Lundi 12 janvier 2009

Cela fait plus de deux ans que j'ai rencontré Jésus. Je vois bien que je m'attarde à cet événement fondateur, avec la peur de m'en détacher, de poursuivre mon chemin, comme le firent les Mages, partis par une autre route. Je suis tenté de planter une tente là où a eu lieu la rencontre et n'en plus bouger.

Qu'il est difficile de partir ! Comme cela fait peur !

J'essaye, je m'éloigne, je tente de marcher dans mon propre désert, et de découvrir quel être croyant je suis. Souvent (par exemple pour écrire un message sur ce blog) je me penche sur le puits de ma foi... qui me paraît sec.

C'est déroutant.

Alors je me tais et laisse passer quelques jours.

Puis je ressens une émotion pour Jésus et je m'approche de mon puits, pour voir si quelques fruits ont poussé tout autour. Et le puits est toujours sec.

Je me tais encore.

Et je me demande quel autre chemin je devrais prendre.

Vu qu'il n'y a pas de chemins.

Être amoureux

Jeudi 15 janvier 2009

Cet après-midi, j'ai été invité à raconter ma rencontre avec Jésus à plus de cent élèves de terminale.

Avant de me rendre au lycée, je n'avais pas mesuré tout à fait l'implication, l'énergie que demandait une telle « séance »... Je suis arrivé dans une longue salle bondée et bruyante. Dans l'indifférence générale, le brouhaha et le désordre, j'ai courageusement traversé la pièce, trouvant mon chemin parmi des élèves qui me semblaient, au fur et à mesure que je m'enfonçais dans leur antre, de plus en plus hostiles. Une cage remplie de fauves fatigués, mais capables de se réveiller.

Je suis arrivé à l'estrade, on m'a tendu un micro chuintant et j'ai balayé du regard mon assistance. Certains me regardaient.

Je me suis lancé, comme on plonge dans une piscine, et j'ai nagé, nagé, nagé sans trop réfléchir. Ils m'ont écouté et je leur en ai été reconnaissant.

J'ai raconté comment, de façon inattendue, gauche, improbable, Jésus était entré dans ma vie pour la transformer pour toujours.

Puis j'ai essayé de leur expliquer ce que cette présence quotidienne avait changé dans ma vie : j'ai plus confiance en moi, j'ai entraperçu parfois mon humilité et cela m'a apporté du bonheur. Je découvre peu à peu les incroyables vertus du silence. J'essaye d'apprendre à m'abandonner. Et surtout, dans cette époque qui survalorise la réussite sous toutes ses formes, je mesure combien ma fragilité intérieure est peut-être ma plus grande richesse.

Je ne sais pas si j'ai été convaincant; j'ai fait de mon mieux.

Et puis, comme je n'étais pas satisfait de la façon dont je leur décrivais « l'effet » que Jésus me faisait, je leur ai dit que ma plus grande découverte avait été de me rendre compte qu'avoir la foi n'est pas une question d'ordre cérébral, ou culturel, ou relatif à la sagesse... Non. Parce que avoir la foi, c'est comme être amoureux.

J'ai senti que j'éveillais leur curiosité.

« Quand vous êtes amoureux, leur ai-je dit, et même si la personne dont vous êtes amoureux ne le sait pas, même si vous ne lui avez jamais parlé, même si vous ne connaissez presque rien de cette personne, et même si vous pensez n'avoir jamais aucune chance d'aboutir à une relation amoureuse avec cette personne... eh bien vous devenez heureux. Vos journées sont plus gaies, vos corvées plus légères, et vous avez soudain envie de partager votre joie avec tous. Vous ressentez mieux la vie, vous vous sentez plus généreux. Vous aimeriez que tout le monde ait la chance d'être amoureux comme vous. Parce que tout le monde peut devenir amoureux, du jour au lendemain, vieux, jeunes, riches, pauvres, intelligents, cultivés ou sots... Eh bien moi, je suis amoureux de Jésus et cela me rend heureux. »

Puis la cloche a sonné.

Comme chaque fois

Lundi 19 janvier 2009

Ce soir encore, je suis allé témoigner devant un public plus âgé de ma rencontre avec Jésus.

Cela me cassait les pieds d'y aller. C'était en fin de journée, j'ai eu du mal à me garer, et après la belle expérience de la semaine passée avec les jeunes de terminale, je n'attendais rien de bien réjouissant de ce nouvel exercice. Mais le rendez-vous avait été pris il y a bien longtemps et il n'était plus possible de m'y soustraire.

De plus, ce week-end, ma filleule, avec laquelle je déjeunais, m'a raconté qu'une personne était venue à l'école témoigner de sa conversion... Et son récit concordait étrangement avec le mien ; même surprise, même effet. Cela m'a à la fois dérouté et fait du bien : au fond, mon expérience n'a rien d'extraordinaire, sauf pour moi peut-être.

Mais cela m'a enlevé une partie de l'envie de témoigner à nouveau.

J'y suis allé, la mort dans l'âme, le sourire poli aux lèvres. J'ai serré des mains, fait semblant d'être heureux de me trouver là.

Comme chaque fois, j'ai raconté mon histoire. Comme chaque fois, l'émotion m'a gagné. Comme chaque fois, j'ai été étonné que cette émotion se renouvelle.

Comme chaque fois, j'ai compris des choses nouvelles. Une femme m'a demandé si j'avais la foi. D'habitude je ne réponds pas nettement à cette question, soit par pudeur, soit par crainte. De même que je ne me considère pas tout à fait comme un homme, un vrai, je n'ose pas affirmer que j'ai la foi.

Mais cette fois-ci, après quelques hésitations, j'ai dit oui, j'avais la foi. J'ai alors repensé à la remarque de Claire, à propos de mon témoignage devant les jeunes : « Mais l'expérience la plus importante a certainement été pour vous. C'est en parlant aux autres de ce que nous vivons que les mots nous sont donnés (la parole se révèle à nous). » C'est tellement vrai. Et c'est une expérience à vivre que celle-là : s'entendre dire des choses nouvelles, que l'on ne savait pas, et devant tout le monde !

Je suis sorti de cette réunion rayonnant.

Comme à chaque fois.

Ne pas être au centre

Vendredi 23 janvier 2009

Je reçois un e-mail d'une femme qui a lu mon livre et se considère depuis ma « sœur d'âme ». Cette expression me touche.

Je lis les commentaires quotidiens sur ce blog et m'aperçois que j'y tiens.

Je rencontre des gens qui sont émus par mon expérience, et viennent me le dire. Nous échangeons des regards qui me pénètrent et restent gravés en moi.

J'avais envisagé une sorte de « petit club », dont j'avais parlé ici même... Mais je me trompais.

Car je ne suis pas au centre de cette communauté visible et invisible. Ce n'est pas « mon » petit club.

Je ne suis qu'un membre, modeste, du club de Jésus.

Et c'est précisément cela qui est beau.

Ne plus être au centre.

Ne pas être au centre.

Profiter en somme d'être un chrétien *élémentaire*.

Foire d'empoigne

Lundi 26 janvier 2009

Samedi soir chez des amis. Je demande de ses nouvelles à un homme dont le père est mort récemment. On en vient à parler de la mort. La conversation, intime et sereine au début, voit s'agglutiner de plus en plus d'amis ; peu à peu, elle s'anime, et s'envenime en abordant les rivages dangereux de la religion.

Étant devenu le « catho de service » depuis la parution de mon livre, me voilà au centre d'une foire d'empoigne où l'on me demande de rendre des comptes pour la religion. Quand j'affirme que l'Église n'est pas un lieu de morale, j'enflamme l'auditoire. « Quoi ? Pas de morale ? Et tous ces curés qui nous disent ce qu'il faut faire et ne pas faire ? Et l'enfer et le paradis, c'est pas catholique, ça ? Et le pape qui interdit le préservatif, c'est de la fiction ? Les divorcés ne sont-ils pas excommuniés ? »

J'essaye de parer au plus pressé, je dis que les lois

morales ne sont pas divines, mais humaines, j'en veux pour preuve qu'elles changent avec le temps.

« Et la confession, alors ? Ce n'est pas la preuve que le curé pointe du doigt ce qui est mal ? »

Non, on confesse les péchés que l'on sent en soi, pas ceux que le curé demande. C'est une démarche personnelle et libre.

« Tu ne tueras point... c'est pas une règle, ça ? »

« Pourquoi, tu es contre ? »

« Non, mais c'est la preuve que l'Église est pleine de lois morales. »

Un argument me vient soudain, une comparaison avec notre société : nous acceptons tous de vivre dans une démocratie régie par des lois, dont les effets vont de l'amende de stationnement à la réclusion à perpétuité... Dans ce contexte, deux hommes peuvent vivre dans l'absolue légalité, l'un étant un homme bien et le second un parfait salaud qui fait souffrir son entourage. L'Église donne cette même liberté.

« Oui, mais il y a quand même les péchés. »

Oui, mais il y a quand même le pardon.

Nous nous quittons tous bons amis, plaisantant même sur le sujet, comme pour effacer les éclats de voix qui nous ont opposés.

Je rentre chez moi dans la nuit, en me disant que j'ai été mauvais, peu persuasif. J'ai l'esprit d'escalier, c'est maintenant que je trouve de bons arguments, mais c'est trop tard... il fallait être éloquent tout à l'heure.

La seule chose qui me satisfait, c'est d'être resté calme et de n'avoir ressenti à aucun moment de la colère envers mes débatteurs, malgré leur nombre.

C'est que... s'ils n'ont peut-être pas la foi, ils n'étaient pas de mauvaise foi.

L'ego et la confiance

Mercredi 28 janvier 2009

Je me méfie de mon ego. Je sais qu'il peut surgir à tout moment, et flatter ma vanité naturelle, me faire rechercher activement la reconnaissance des autres, comme le drogué en manque cherche sa dose. Parfois il m'arrive de me lancer des fleurs, de me faire un petit compliment : « j'ai été très bon à cette réunion avec mon associé », ou « je crois que ces clients, je les ai impressionnés, là », ou bien encore « c'est fou ce que j'ai été diplomate avec ma fille... je la comprends bien »... Je sais désormais, quand ce phénomène d'autocongratulation se manifeste chez moi, que c'est le signe indiscutable du contraire : en fait j'ai été particulièrement mauvais, nul, lourd... alors j'appelle mon associé, mes clients, ma fille... je m'excuse et vois qu'ils n'attendaient que ça.

Donc, je dois me méfier de mon ego, qui me pousse si souvent à avoir la grosse tête, à me prendre pour un autre, à me croire plus drôle que je ne suis, plus important, plus indispensable. Quand je prends conscience de cela, j'ai honte, je me sens mortifié, je rougis tout seul dans mon coin.

Mais depuis que Jésus a croisé mon chemin, une ère nouvelle est arrivée, une brèche dans cette impossible équation. En effet, avec Jésus, je commence à avoir confiance en moi, sans pour autant dilater mon ego. Et ça change tout.

L'autre jour, j'ai trouvé ce texte d'Aelred de Rielvaux (1110-1167), qui exprime mieux que je ne pourrais le faire la résolution de cette équation : « Quand un homme s'est retiré du tumulte extérieur pour rentrer dans le secret de son cœur, qu'il a fermé sa porte à la bruyante foule des vanités et a fait le tour de ses trésors intérieurs, quand il n'a plus rien rencontré en lui d'agité ni de désordonné, rien qui puisse le tourmenter ou le contrarier mais que tout en lui est plein de joie, d'harmonie, de paix, de tranquillité [...] alors se lève soudain une merveilleuse assurance. Et de cette assurance vient une joie extraordinaire et de cette joie jaillit un chant d'allégresse qui éclate en louanges de Dieu. Ces louanges sont d'autant plus ferventes que l'on voit plus clairement combien tout ce qui est bon en soi-même est un don de Dieu. »

L'esprit « rock and roll »

Lundi 2 février 2009

Il y a un certain temps, j'ai rencontré une toute jeune fille qui finissait ses études. Elle avait entendu parler de mon livre et nous en sommes venus à aborder le thème de la foi.

Cette jeune fille était timide, le regard fuyant. On ne la sentait pas à l'aise dans son corps, ni dans sa vie. Je la regardais me poser des questions somme toute banales, et je pensais qu'elle était coincée. Je ne pouvais m'empêcher de jeter sur sa silhouette gauche un regard condescendant.

Je me disais : « Puisqu'une aussi jeune personne s'intéresse à la foi, c'est qu'elle doit n'avoir rien d'autre dans sa vie. Pas de petit copain, pas de vie sociale, pas de sorties en boîte de nuit... » Mon regard se voulait bienveillant mais il ne l'était pas.

À son âge, en effet, il ne me serait jamais venu à l'esprit d'aller trouver l'auteur d'un livre, sur Jésus. À son âge, j'étais un jeune homme « normal »! J'admirais les rock stars, leurs débordements, leurs accoutrements provocateurs, leurs attitudes libres... J'écoutais David Bowie, les Rolling Stones, je dansais devant ma glace en pensant à la fille dont j'étais amoureux... pour moi, la foi, c'était un truc pour les vieux, ce n'était pas « rock and roll »...

Alors j'ai interrogé cette jeune fille sur ses goûts, sur sa vie sentimentale. Et brusquement elle m'a avoué qu'elle pensait avoir la vocation religieuse. « C'est la première fois que je le dis à quelqu'un », me dit-elle.

Et nous voilà en train de parler de Dieu, de sa délicatesse, de la façon incroyablement douce qu'Il a de nous cueillir. Sous mes yeux, la jeune fille s'anime, se transforme, se métamorphose... la timide malhabile devient soudain éloquente et se met à rire en m'évoquant la liberté que Dieu lui donne.

Désormais je vois cette jeune fille pour ce qu'elle est : une jeune femme « rock and roll », c'est-à-dire un esprit rebelle, libre, heureux de sa jeunesse.

À présent mon regard n'est plus condescendant. Cette jeune fille a réveillé l'étincelle d'admiration de l'adolescent que j'étais face à ses rock stars.

Pour aimer il faut être deux

Dimanche 8 février 2009

Sans cesse je me pose des questions à propos de ma foi : va-t-elle s'éteindre ? La grâce qui m'a touché délicatement et me donne tant de joie va-t-elle disparaître, comme elle est venue ? Le sentiment amoureux va-t-il mourir, comme tout sentiment amoureux ?

Est-ce Dieu qui va m'abandonner, ou moi qui lui serai infidèle ? Comment pourrai-je lui être infidèle, alors que je n'aspire qu'à continuer à marcher avec Lui ?

Et alors que vais-je devenir, si je suis seul ?

Que ferai-je quand je serai à nouveau dans le noir, tout seul dans mon petit costume, seul sur terre ?

Comme une réponse, je trouve ce texte très beau du Père Alain Bandelier : « La beauté de la foi, j'allais écrire le miracle de la foi, c'est qu'elle est la rencontre de Dieu et de l'homme, du Ciel et de la terre. Rencontre de la grâce de Dieu qui donne la foi, et la liberté de l'homme qui donne sa foi. [...] Mais ce qui est merveilleux, c'est que dès maintenant nous vivons cette rencontre, pauvrement mais réellement. Elle nous est donnée pleinement en Jésus Christ et en lui seul : par son Incarnation, il est le Ciel sur terre; par sa Résurrection, il est la terre au Ciel. »

Eh oui, j'avais oublié qu'il fallait être deux pour aimer, et que je pourrai me reposer sur Lui en cas de défaillance.

Le meilleur moment

Jeudi 12 février 2009

Pour moi, le meilleur moment pour aimer Jésus, c'est quand je m'apprête à m'endormir. Au bord du sommeil, au bord de la nuit, j'éteins ma lumière, j'éteins ma journée et je me blottis, dans les bras de Jésus, je m'abandonne à lui.

J'essaye de lui parler ; je ne sais pas comment m'adresser à lui. La plupart du temps, j'utilise le « mon Dieu » de mon enfance. « Seigneur » me paraît trop distant. « Jésus » trop familier. Très souvent, je sombre sans avoir rien dit, simplement heureux de m'endormir dans ses bras.

Dans mon cheminement vers Jésus, je suis parfois comme un enfant, tantôt émerveillé, tantôt apeuré, inutilement apeuré. J'éprouve alors le besoin de raconter mes émotions débutantes, enfantines, qui dénotent avec ma carcasse d'homme.

Et parfois je me sens adulte, exigeant, chercheur de

vérité ; alors je raisonne, je tâtonne, je lis, je discute, je pose des questions.

Parfois je vis ma rencontre avec Jésus comme un tourbillon d'émotion.

Et parfois comme un tumulte de pensées.

Parfois je me sens abandonné, dans le noir.

Et parfois je marche en pleine lumière.

Parfois je rentre dans ma profondeur personnelle, je fouille mon vide intérieur pour y trouver Dieu.

Parfois c'est dans les autres que je Le trouve.

Ainsi je chemine, solitaire ou bien accompagné, heureux ou mélancolique, confiant ou inquiet.

Mais quand le soir je m'abandonne à Lui, c'est toujours le meilleur moment.

Petite femme

Mardi 24 février 2009

Je reviens d'un beau voyage dans un pays chaud, où les plages sont belles. J'étais en vacances avec ma famille.

Un jour nous avons déjeuné à la terrasse d'un café, en ville ; l'air était chaud, le soleil brillait entre les palmes et rendait ce moment particulièrement joyeux.

On nous avait servi des plats de viande aux portions copieuses et je calais. Il restait dans mon assiette un bifteck entier, cinq pommes de terre douces rissolées et même du riz noir délicieux.

Je me sentais bien, satisfait, contenté ; avec cette assurance du rassasié qui n'a plus besoin de rien, ni de montrer qu'il possède, ni qu'il n'a plus faim, ni lui ni ses enfants. Je me sentais libre, privilégié, en contrôle de ma vie.

Une toute petite femme s'est approchée timidement de notre terrasse, séparée de la rue par une haie symbolique de plantes exotiques ; elle nous souriait sans rien dire. Elle était vieille et menue, toute mignonne. Elle ne disait rien. Elle se contentait de nous lancer des regards malicieux. Ce sont mes enfants qui l'ont remarquée tout d'abord.

Je me suis retourné et l'ai interrogée des yeux, avec mon regard de nanti qui ne parle pas la langue mais veut bien se montrer généreux. Elle m'a souri encore, puis m'a tendu une écuelle en plastique jaune. Sans réfléchir, avec un réflexe de bon riche, j'ai immédiatement plongé ma main dans ma poche et, y ayant trouvé trois pièces, les lui ai tendues. Elle a retiré son écuelle et pris l'argent de son autre main, en souriant toujours. Scène banale que j'aurais aussitôt oubliée.

Mais, bravant du coin de l'œil les deux serveurs menaçants, la petite femme ne partait pas. Elle tendait l'écuelle à nouveau. Et comme elle avait affaire à un gentil touriste qui ne comprenait pas, elle m'a désigné les restes de mon assiette d'un coup de menton autoritaire. Elle ne voulait pas plus d'argent, elle voulait MAN-GER. Et moi dont l'estomac était trop plein, j'avais mis cinq minutes à comprendre qu'elle avait FAIM. Alors, veillant à mon tour à ce que les deux serveurs ne nous regardent pas, j'ai transféré lestement mes restes, et ceux des enfants, dans son écuelle en plastique jaune. Ses yeux ont brillé. La passation de nourriture a eu lieu à la hâte, dans une bouffée soudaine de bonheur, d'impression d'interdit... et surtout dans un sentiment d'intimité absolu avec cette femme. Elle m'a désigné une pomme de terre oubliée dans l'une de nos assiettes, m'a remercié rapidement dans sa langue, avant de disparaître comme elle était venue.

Elle est restée dans mon esprit. Il n'y a pas un jour où je ne pense à elle. C'est l'événement le plus important de mon voyage.

Cette petite femme habite mon cœur et je lui dédie mon carême, en espérant qu'il sera à sa hauteur.

Apprendre à écouter

Mercredi 4 mars 2009

Je dois apprendre à écouter.

Plutôt que de m'exprimer toujours, en espérant avoir raison. Toujours avoir raison, pour quoi faire ?

Apprendre à dire, au plus profond de moi, au cœur, dans l'intime : « Notre Père... »

Ne pas chercher à dire autre chose, se délecter du Notre Père, tout simplement. Accepter de s'y perdre.

Écouter cette prière que je dis au fond de mon lit. Écouter ce qu'elle me dit, tandis que je la prononce, bien joyeusement, bien humblement.

Laisser les images courir comme un troupeau de chevaux sauvages. « Notre Père, qui est aux cieux », qui est dans ce ciel de nuages, dans ce paysage, dans cette musique de Bach, dans le toucher si subtil du pianiste, dans le regard de ma fille, limpide et naïf, dans la caresse intelligente de cette main aimante, dans ce retournement de situation, cette rencontre inopinée dans la rue avec deux jeunes qui me demandent une indication et font un bout de chemin avec moi, comme les compagnons d'Emmaüs...

Une découverte toujours spectaculaire

Dimanche 8 mars 2009

Il y a près de deux ans, c'est en suivant, au beau milieu d'une vie déjà bien entamée et remplie (mais peut-être bien vide aussi...), une catéchèse pour adultes, deux fois par semaine, que j'ai rencontré Jésus.

Mais à l'époque, je ne le savais pas.

Quand cette catéchèse s'est terminée, après une retraite, je suis retourné dans ma vie douillette, sans me rendre compte de ce qui venait de m'arriver. Peut-être ne voulais-je pas voir.

Six mois ont passé, sans que rien ne change dans mon existence.

Et puis un jour, par hasard, en déjeunant avec un ami, nous avons parlé de Dieu. Un peu pour l'amuser, un peu pour voir comment il allait réagir. J'ai décidé de lui raconter cette catéchèse passée, comme on raconte une petite anecdote amusante et originale.

Et en ouvrant la boîte de ce souvenir, en décrivant

cette drôle d'expérience, j'ai fait une découverte spectaculaire, stupéfiante : cette « chose » qui m'était arrivée, et que je considérais comme mineure, avait pris pour moi, sans que je m'en rende compte, une importance primordiale, centrale... comme si, ayant jeté par inadvertance une poignée de graines dans un coin de jardin, je découvrais à présent qu'une forêt vierge y avait poussé.

C'est ce jour-là que j'ai commencé à prendre conscience de ma conversion.

Alors je me suis mis à raconter mon histoire à tout le monde, chaque jour. Jusqu'à écrire un livre.

Je me suis converti en parlant.

Et je suis un converti qui a toujours besoin d'en parler.

Et encore hier soir, à une fête entre amis, j'ai raconté ma rencontre avec Jésus, à deux personnes qui ne s'y attendaient pas.

Une fois encore, j'ai découvert l'importance que cette rencontre avait dans ma vie.

Je remercie le Seigneur de m'être laissé trouver par Lui.

Nouvelle étape ?

Samedi 14 mars 2009

Depuis quelque temps, je sens planer sur moi un de ces silences, de ces calmes plats qui précèdent souvent les transformations profondes ; il y a dans cette absence d'activité quelque chose d'un après-midi d'été sur une place de village déserte. Sous l'assaut du soleil règne une ambiance à la fois apaisante et inquiétante.

Je devine déjà les premiers craquements qui annoncent un vent nouveau...

Ma rencontre avec Jésus remonte à deux ans.

Et après deux ans de lune de miel, je pressens confusément, mais assurément, la venue prochaine d'une nouvelle étape dans ma relation personnelle avec Dieu. En effet, je me pose des questions inédites et des idées que je ne comprends pas encore m'assaillent... « Je suis si persuadé, mon Dieu, que vous veillez sur ceux qui espèrent en vous [...], que j'ai résolu de vivre à l'avenir sans aucun souci et de me décharger sur vous de toutes mes inquiétudes.

Que les uns attendent leur bonheur, soit de leurs richesses soit de leurs talents ; que les autres s'appuient ou sur l'innocence de leur vie ou sur la rigueur de leur pénitence, ou sur le nombre de leurs aumônes ou sur la ferveur de leur prière ; pour moi, Seigneur, toute ma confiance, c'est ma confiance elle-même.

Cette confiance ne trompa jamais personne. Je suis donc assuré que je serai éternellement heureux parce que j'espère éternellement de l'être et que c'est de vous, ô mon Dieu, que je l'espère. »

(Saint Claude La Colombière)

À suivre, donc...

Leçon d'humilité

Lundi 16 mars 2009

J'ai été invité samedi par mon éditeur à venir dédicacer *Catholique anonyme* au Salon du livre. C'est la première fois de ma petite « carrière » d'auteur qu'on me fait cet honneur...

Arrivé sur place, on me dirige vers l'entrée des auteurs (très chic !), et l'on me procure un badge « auteur en dédicace » que j'épingle à ma veste sans bouder mon plaisir. Je déambule dans les allées, tout à mon importance, me frayant un passage dans la foule, à la recherche du stand du Seuil. Je me surprends à attendre d'être reconnu par des anonymes, comme une starlette qui débute. Je m'en amuse, me reprends et me sermonne intérieurement.

Arrivé sur place, une gentille attachée de presse m'installe, à côté d'auteurs très connus de cette vénérable maison d'édition, dont je suis fier de faire partie. On place une belle photo de moi sur ma table, à côté d'une grande pile de mes ouvrages. Je dois rester une heure. Je m'assois et souris aux passants qui m'ignorent. À côté, il y a la queue pour obtenir un autographe de l'écrivain assis à ma droite. Parfois, des fans de cet auteur, attendant leur tour, jettent un œil distrait sur mon livre, histoire de passer le temps. Ils le regardent vaguement, bâillent et le reposent devant moi, sans même me jeter un regard. Je suis fasciné par leur désinvolture, que seule la table symbolique qui nous sépare leur autorise ; c'est comme si j'étais en vitrine, et qu'ils évaluaient mon prix en toute quiétude.

En une heure, j'ai signé... un exemplaire, à un Italien myope et mal entendant, qui a hésité un long moment, en lisant la quatrième de couverture trois ou quatre fois, avant de se décider à me demander une dédicace. Je l'en remercie ici officiellement.

La stagiaire du Seuil était gênée pour moi, elle m'a tenu la jambe bien gentiment, pour que je me sente moins seul.

Je suis reparti plus léger, moins encombré par mon ego, que j'ai momentanément laissé sur le stand. Il doit encore y être, à attendre de signer quelques exemplaires.

Je remercie le Seigneur de cette petite leçon d'humilité méritée, qui m'a fait du bien.

Apprendre à lâcher

Samedi 21 mars 2009

Quand j'avais dix ans, nous sommes allés faire une balade en bateau, invités par des amis de mes parents. Au retour, ces amis ont amarré leur voilier et, pour je ne sais plus quelle raison, resté à l'avant, tout seul, je me suis cru obligé de tenir fermement un bout qui nous reliait au quai. Comme le bateau s'ajustait à sa nouvelle position, l'épaisse corde tenue par mes petites mains s'est soudainement tendue, et je me suis cru obligé de résister à cette traction qui me paraissait dangereuse. Voyant mes efforts bientôt anéantis – mes modestes forces incapables de lutter contre l'inertie du navire – j'ai poussé un cri de détresse, je crois même avoir hurlé un pathétique « Au secours ! », puis j'ai lâché la corde...

Et... il ne s'est rien passé du tout. En fait j'avais tenu cette corde inutilement. Rouge et confus, j'ai prié pour que personne n'ait entendu mon ridicule appel au secours. Mon ventre nu me brûlait. J'ai constaté une longue éraflure là où la corde avait joué, témoignant de mon effort. D'ailleurs, mes bras étaient tout drôles, sans force, tandis que j'enfilais un tee-shirt pour masquer mon ventre irrité. J'ai rejoint les autres, comme si de rien n'était. Personne n'avait rien remarqué.

Depuis quelques années seulement, je repense à cet épisode chaque fois que je m'accroche inutilement à ma vie, comme pour l'empêcher d'avancer paisiblement. J'essaie de contrôler la vie, de fixer les bons moments ou d'éloigner les mauvais. Je tiens bon le plus longtemps possible, en vain, puis je lâche toujours. Et je me jure qu'on ne m'y reprendra plus. La prochaine fois, j'aurais appris à lâcher prise.

Et puis, récemment, un concurrent qui ne m'aime pas, car il m'a fait du tort, intrigue pour occuper une place qui pourrait gêner mes affaires ; cela me tracasse beaucoup trop, sans doute car j'y vois une injustice rageante. J'ai beau m'invectiver pour lâcher prise, repenser à la corde qu'il faut tout simplement laisser tomber, je n'y parviens pas...

Il ne me reste qu'à rire de moi-même, en me reconnaissant dans ce ridicule bonhomme qui s'accroche à son inutile ficelle !

Je vous salue, Marie

Jeudi 26 mars 2009

Hier, l'Évangile de l'Annonciation me cueille, comme si je l'entendais pour la première fois.

Marie est bouleversée, elle écoute ce que l'ange lui annonce. Elle demande tout de même : « Comment cela va-t-il se faire? » En ça elle est comme nous, elle est humaine, simple, ordinaire. Elle n'a pas peur d'exprimer un questionnement, peut-être le soupçon d'un doute.

Mais les nouvelles incroyables n'ont pas fini de pleuvoir : elle aura un fils, par l'opération du Saint-Esprit, et ce fils ne sera pas moins que le Fils de Dieu. Et sa vieille cousine Élisabeth, la stérile, est enceinte de six mois!

Il y aurait de quoi s'émouvoir, s'étonner et même fuir à toutes jambes!...

Mais Marie, tout simplement, calmement, répond du tac au tac :

« Voici la servante du Seigneur; que tout se passe pour moi selon ta parole. »

Il n'y a que l'humilité pour permettre une telle confiance, un tel discernement. Voilà ce que je trouve de plus admirable chez Marie : cette humilité qui me fait si cruellement défaut, que je recherche avidement sans la trouver. Chez Marie, c'est une façon d'être.

Un jeune homme vient de m'offrir spontanément son chapelet, parce que je lui disais que je n'en avais jamais eu. J'ai été touché de ce geste généreux.

Alors je suis entré dans une église déserte, en plein après-midi, loin de la fureur humaine, des rumeurs lointaines et dans le silence retrouvé, pour la première fois de ma vie, j'ai dit des « Je vous salue Marie »...

J'ai ressenti un peu de la douceur de Marie me caresser les épaules fraternellement.

Depuis, je salue Marie, pleine de grâces.

La lumière ne s'éteindra pas

Vendredi 3 avril 2009

Depuis que je chemine, je me pose beaucoup de questions, trop de questions. L'une d'entre elles, qui revient souvent, qui revient chaque jour, est de savoir si la grâce va me quitter. À chaque instant, je « jauge » ma foi, comme pour vérifier que le réservoir n'est pas à sec. Je sais bien que je dois cesser de m'inquiéter, Lui faire confiance, et songer plutôt à avancer, au lieu de m'ausculter le cœur, de me palper l'âme convulsivement.

Et puis les jours passent et ne se ressemblent pas.

Nous traversons une bourrasque médiatique ; on voit passer entre autres des excommunications choquantes, des propos sur le préservatif mal compris... Mes amis m'interpellent, comme catho de service, pour savoir ce que je pense, pour vérifier si j'ai gardé mon esprit critique. Des discussions naissent sur le Net, des débats animés, où l'on n'est pas d'accord. Je suis parfois troublé, pas toujours sûr de mes opinions.

Un dimanche en province où je me suis rendu pour raisons professionnelles, je cherche une messe dans toute la ville. Je marche sous la pluie et finis par tomber sur une petite église qui semble animée ! Je remercie le Seigneur et entre. Et me voilà dans une messe traditionnaliste, en latin, avec un curé en tricorne à la Don Camillo, en haut de sa chaire. Je reste perplexe devant ces vieilleries.

Le lendemain, je reçois un petit mot de monseigneur Daucourt, évêque à Nanterre, à qui j'avais écrit pour le féliciter chaleureusement de sa lettre ouverte à l'archevêque de Récife, distribuée dans mon église un dimanche. Il m'écrit : « Je demande à Jésus de vous garder dans cette belle confiance. La lumière ne s'éteindra pas. »

Voilà qui est dit. J'ai beau être troublé, peu sûr de moi, « la lumière ne s'éteindra pas ».

Il est où, le diable ?

Jeudi 9 avril 2009

Je n'arrive pas à croire au diable. Je suis naïf, sans doute. Inconscient du danger, peut-être. Mais cette sous divinité me paraît une invention pour enfants. Pourquoi y aurait-il un diable, si Dieu existe ?

Et pour moi Dieu existe.

Souvent j'ai pensé que le diable était l'avatar pratique inventé par l'homme pour qualifier tout ce qui était mal. Comme si le mal n'était pas de sa faute.

Mais moi je me sens libre de choisir le mal. Donc le mal viendrait de moi ; le mal est en moi, même si j'essaye de le combattre. Donc je serais le diable ? Non, ce serait prétentieux de penser cela. Et puis je préfère savoir, comme me l'a si joliment dit une amie, que « Jésus est dans ma barque ».

Hier j'ai eu une discussion avec un chrétien qui a lu mon livre, et il m'a dit soudain, au détour d'une phrase : « Le diable, c'est la peur »...

Je crois qu'il a raison. Voilà donc où se trouve le diable : dans notre peur. La peur. Voilà quelque chose que j'ai en moi, et que seul Dieu parvient à chasser.

Un vrai pauvre

Jeudi 16 avril 2009

Je me crois riche. Je me crois beau et bon et plein de grâces. Je suis content de moi, sans en avoir l'air, tout rempli de la fausse humilité qui tapisse en secret le fond de mon cœur.

Je suis assailli de désirs dont je suis l'esclave et d'un orgueil inoxydable qui se moque de moi.

Je suis pris comme dans un filet par mes petites colères vaniteuses ; je refais pour moi-même des scènes où je cloue leur bec à mes opposants. Je donne des leçons magistrales, ne trouvant en face de moi que des arguments futiles que je balaie avec aisance et majesté... Pathétiques tentatives de mon amour-propre de me faire plus beau que je ne suis.

J'aimerais cultiver mes faiblesses, trouver la divine humilité, comme une source fraîche au milieu du désert... mais je ne trouve que mon ego grimaçant qui me nargue à tout instant.

J'aimerais m'élever, me rendre meilleur, et je suis tiraillé par mille petits esclavages, dont celui de l'argent, du confort, de la sécurité matérielle, qui m'éloignent un instant, tel un mirage, de la peur de manquer ; à peine ai-je déjoué cette illusion que les désirs de la chair font de moi un nouvel esclave, plein de détresse. Je repousse ces tentations quelque temps et voici mon besoin d'orgueil qui réapparaît, faisant de moi son factotum...

Je me regarde alors et je constate que je ne suis ni grand ni riche ni beau.

Je suis pauvre. Pauvre de cœur, pauvre en sagesse, en humilité, en générosité. J'ai beau étendre mes grands bras, je ne suis qu'un petit homme sans envergure. Et cela me navre, au lieu de me contenter.

Avant, après

Mercredi 22 avril 2009

Ces derniers temps, j'ai traversé des périodes de ténèbres. Comme un adolescent enfermé dans un corps qu'il n'aime pas, qui lui échappe, qui le tourmente, qui le travaille, je ne me sentais pas bien, sans savoir expliquer pourquoi. Ma relation à Dieu était affaiblie, son « signal » était intermittent, brouillé, distant. Il m'échappait sans cesse. (« La parole de Yahvé était rare en ces jours-là » – Samuel) J'en étais désolé, agacé, inquiet comme toujours.

Même mes prières les plus sincères, les plus secrètes, me paraissaient hypocrites, alambiquées, orgueilleuses, pleines d'un intérêt déplacé.

J'ai attendu, en me demandant ce qui m'arrivait. Avait-Il choisi de m'abandonner ? Ou étais-je devenu aveugle à nouveau ?

Et puis un matin je me suis rendu compte que je ne pensais qu'à Lui, malgré toutes mes incertitudes. Et qu'il y aurait toujours pour moi un « avant » et un « après » ma rencontre avec Jésus. Cela, au moins, ne changerait pas.

Un rayon de soleil a percé dans mon cœur troublé. Et j'ai senti en moi Dieu palpiter à nouveau, dans ma chair soulagée.

Mes doutes façonnent peu à peu l'assurance qui me manque.

Et puis l'évangile du jour vient tinter à mes oreilles. « Tout homme qui croit en lui ne périra pas » (Jn 3,36).

Partout et toujours

Dimanche 26 avril 2009

Où que j'aille, Il est avec moi.

Au réveil, j'ouvre mes yeux dans les Siens.

Je Le croise dans le regard des passants, sur le trottoir.

Au milieu d'une réunion importante, je Le sens palpiter en moi et j'éprouve alors un pincement de bonheur. Les mères qui sentent bouger leur bébé dans leur ventre à tout moment ont-elles ce même sentiment ?

Dans la pensée furtive que j'ai spontanément pour un ami, Il est là.

Dans le désir qui me traverse, je Le reconnais.

En pleine émission en direct, alors que la tension m'entoure, je ressens Son amour qui me rassure.

Le soir, je m'endors dans Ses bras protecteurs, comme un enfant que je suis.

Il est dans mon corps, partout, toujours. « Comme ils en parlaient encore, lui-même était là au milieu d'eux, et il leur dit : "La paix soit avec vous !" [...] Dans leur joie, ils n'osaient pas encore y croire, et restaient saisis d'étonnement. Jésus leur dit : "Avez-vous ici quelque chose à manger ?" Ils lui offrirent un morceau de poisson grillé. Il le prit et le mangea devant eux » (Lc 24,36-43).

Je Le vois manger ce poisson avec moi.

Sourire, toujours sourire

Vendredi 1er mai 2009

On me pose souvent la même question, sous des formes différentes : « Maintenant que tu as rencontré Jésus, qu'as-tu changé à ta vie ? »

Je réponds invariablement que si ma vie n'a pas changé, cette rencontre a changé toute ma vie.

Puis je rentre chez moi et je me demande si je dois faire quelque chose de plus et changer vraiment ma vie, maintenant que Jésus est avec moi.

Parfois j'éprouve un sentiment de culpabilité en me disant que je ne fais pas assez pour mon prochain. Ma vie me semble trop facile, ou trop futile. Au lieu de me préoccuper des autres, je m'embourbe tout seul dans des inquiétudes successives, aussi vite oubliées qu'elles étaient primordiales...

Parfois je pense que si Dieu a besoin de moi, Il me le fera savoir. Qu'il faut apprendre à attendre, modestement, sans impatience, ni désir de gloire.

Je pense souvent à Mère Teresa qui disait que tout ce qu'on fait pour les autres n'est qu'une goutte d'eau dans l'océan, mais que si on ne le fait pas, cette goutte-là manquera à jamais à l'océan. Elle exhortait ses sœurs de la charité à toujours sourire, car le sourire est contagieux disait-elle, c'est le premier cadeau qu'on puisse donner à l'autre, et plus il vous coûte, plus grande est sa valeur.

Le sourire est la manifestation visible de l'amour que Dieu nous porte.

Étrange découverte

Jeudi 7 mai 2009

J'ai revu un ami avec lequel je suis fâché. Depuis plusieurs années. Mais notre différend est resté une plaie ouverte, fraîche, sanguinolente, douloureuse et fatiguée.

J'ai pris l'initiative de cette rencontre, parce qu'il me manque, parce que je pense à lui presque tous les jours, parfois avec colère, parfois avec tristesse. J'explore les raisons de cette séparation ; je les connais toutes, dans leurs moindres détails, mais je les revisite une à une, je les relis, en y cherchant les traces de mes fautes passées. J'essaye de comprendre pourquoi nous en sommes arrivés là.

Je suis arrivé en avance. Dans un café. Je m'assois, le cœur battant. « Qui me le fait faire ? » me suis-je demandé. Ces derniers jours, en prévision de ce rendez-vous, j'ai pensé que c'était une bonne chose, que j'avais eu du courage, en quelque sorte. J'ai pensé que Jésus m'en serait reconnaissant. Puis je me suis dit que c'était une fois de plus mon orgueil qui parlait, ce diablotin qui m'anime. Je ne savais plus. Avais-je raison ? Mais qu'importe, après tout ?

J'ai commandé un Coca, seul à ma table, les mains moites et le souffle court, en me demandant s'il avait changé physiquement et s'il allait me serrer la main, m'embrasser ou rien du tout. Et ce que j'allais lui dire au tout début. J'avais préparé des phrases et puis je ne m'en souvenais plus. J'avais le trac et je me suis dit : « n'aies pas peur, Jésus est avec toi, il t'aidera ». Et j'ai eu moins peur. Puis je me suis dit que je n'avais rien à perdre, sauf mes illusions peut-être.

Allait-il manifester de l'agressivité ? Ses textos, en vue d'organiser cette entrevue, s'étaient montrés plutôt méfiants, circonspects, peu engageants ; j'avais compris qu'il venait à reculons, en se demandant bien ce que j'allais lui annoncer. Je n'avais rien à lui annoncer.

Il est arrivé, s'est assis, sans me toucher, sans un sourire. Il m'a dit calmement, sereinement, froidement, qu'il n'avait plus envie de me voir, que notre relation était pour lui complètement morte, au point qu'il ne comprenait même pas pour quelle raison, suspecte, j'avais envie de lui parler.

Et je me suis rendu compte que je l'aimais toujours, malgré moi, malgré l'envie de l'abandonner, de le ranger pour toujours dans l'oubli. On ne peut pas s'empêcher d'aimer, voilà la découverte. C'est comme avec les membres de ma famille, qui m'énervent, m'agressent, ou m'emmerdent. Je finis par les éloigner confortablement de ma vie quotidienne et penser que ça y est, enfin je ne les aime plus. Et puis au détour d'un événement grave ou anodin, j'éprouve malgré moi une violente pulsion d'amour pour eux, qui me suffoque, qui me vient du plus loin, et je sais que je les aime toujours...

Il ne voulait pas me parler, il ne comprenait pas ma démarche ; alors je lui ai dit qu'au-delà de nos différends, aussi immenses soient-ils, moi je l'aimais toujours. Il m'a regardé comme si j'étais un extraterrestre, sans animosité, sans envie.

Au bout d'une heure environ, au gré d'un silence naturel, il m'a regardé et m'a demandé : « C'est bon ? » « Si c'est bon pour toi, c'est bon pour moi », ai-je répondu platement.

Et je suis rentré chez moi, vaguement content, triste aussi, et surtout fatigué.

Chemin de croix

Dimanche 31 mai 2009

Une femme de ma connaissance vient de perdre brutalement sa fille.

Elle fait face, trouve dans sa foi et dans sa dignité naturelle de quoi tenir.

Elle ne manifeste ni révolte ni colère ouverte, montrant l'exemple d'une sagesse surnaturelle.

Et puis elle se confie à une amie, pour lui dire que cette année, en faisant son chemin de croix fidèlement comme chaque année, pour la première fois en plus de quarante ans, elle a compris une station particulière.

Celle où Marie croise Jésus, son fils, son fils bien-aimé, dans la rue, portant sa croix sous les huées.

L'amour de Marie pour ce fils.

Ambition

Vendredi 5 juin 2009

Un journaliste, qui fait un papier sur le thème de l'ambition chez des gens qui ont rencontré la foi, me pose cette question : « Qu'est-ce que votre rencontre avec Jésus a changé dans votre ambition personnelle ? »

Je réfléchis un instant à ce que je peux dire d'intelligent à ce sujet. Je balaye intérieurement tous les possibles arguments qui montreraient quel type formidable je suis devenu, ouvert, généreux, ambitieux pour les autres... et n'en trouve aucun qui ait une tête honnête.

Alors je réfléchis plus sincèrement à cette question. Depuis que Jésus fait partie de moi, ai-je changé d'ambition ? Je ne vois pas. Je suis toujours entre deux rendez-vous chez des diffuseurs, essayant de les convaincre que mes projets sont les meilleurs, essayant, tel un attaquant de foot, de saisir toutes les occasions, les passes décisives, pour marquer des buts pour mon équipe, pour ma petite entreprise... Ça, ça n'a pas changé. Et ça fait dix ans que ça dure...

Alors quoi ? Si on ne parle pas de mon ambition professionnelle, on envisage de regarder mon ambition d'homme ? Ai-je décidé de devenir un meilleur mari, un meilleur père, un meilleur fils, un meilleur ami ? En suis-je capable ?

Le journaliste attend ma réponse. Il ne semble pas pressé.

Alors je me lance, sans savoir ce que je vais dire et voici la réponse que je découvre en même temps que lui.

Juste après ma rencontre avec Jésus, il y a deux ans environ, je me posais une question, question orgueilleuse : maintenant qu'il m'a choisi, moi, pour me faire le don de sa grâce, qu'attend-il de moi ? (sous-entendu : forcément de grandes choses, vu mes immenses qualités...)

J'ai d'abord pensé qu'il m'avait choisi en qualité de producteur de télévision. Il attendait de moi que je fasse de grandes émissions sur la religion, par exemple. Je me suis excité, j'ai pondu des projets, mobilisé des talents, vu des chaînes... et tout cela n'a rien donné.

Ensuite j'ai pensé que, bien sûr, c'était ma qualité d'auteur qu'il avait sollicitée, en me faisant écrire *Catholique anonyme*... Le livre allait forcément devenir un best-seller et convertir des gens à la pelle ! Le livre s'est plutôt bien vendu, certes, mais loin, loin des scores des livres à succès. Je me suis dit : le livre va être traduit dans des pays plus catholiques, où les catéchèses et les communautés sont plus connues... J'ai demandé à mon éditeur de solliciter ses homologues en Italie et en Espagne, notamment... mais cela n'a rien donné.

Enfin j'ai pensé que c'était mes talents d'orateur qui seraient attendus. On m'a invité, ici et là, c'est vrai, à témoigner, et je l'ai toujours fait avec bonheur. Mais de façon sporadique et devant de petits auditoires.

C'est alors que j'ai compris une chose toute simple, que j'ai été assez naïf pour ne pas voir tout de suite, sans doute aveuglé par mon éternelle vanité : la seule ambition valable que je puisse avoir, c'est Jésus qui l'aura pour moi.

Le rechercher à chaque instant doit suffire à mon bonheur.

Humilité toujours

Samedi 20 juin 2009

Il m'est arrivé que des gens que j'ai essayé d'aider me témoignent en retour une sourde hostilité. Cela s'est produit plus souvent que je ne pouvais l'imaginer.

On sent bien chez les autres cette détestation contenue.

Je me suis posé la question du pourquoi.

J'ai pensé tout d'abord à un manque de gratitude, phénomène répandu. Mais pourquoi ?

J'ai envisagé que ces gens avaient trop d'orgueil, et qu'ils ne supportaient pas l'idée d'avoir été aidés.

Cette dernière explication m'a pleinement satisfaite.

Mais dernièrement, j'ai entrevu l'hypothèse de la présence de mon propre orgueil, dissimulé habilement chez moi sous une épaisse couche de générosité, de générosité trempée de modestie, de discrétion polie... Et j'ai pensé qu'en recevant sans rien dire toute cette injuste ingratitude, je recherchais secrètement l'humilité.

Et voilà où se niche le diabolique orgueil : dans la recherche volontaire de l'humilité.

L'humilité, ça ne se cherche pas.

Parfois, par bonheur, et grâce au Ciel, ça se trouve.

L'humilité est un don qu'on reçoit.

Se laisser travailler

Samedi 27 juin 2009

Un homme de foi me dit : « Jésus t'a choisi, toi tout particulièrement, pour ce que tu es. Et il n'a fait que commencer avec toi. Et il te sera toujours fidèle, plus que tu ne lui seras fidèle. »

Je suis un homme nouveau, lavé, rénové, un peu plus neuf chaque jour. Plus j'avance, plus je sens la présence de Jésus dans ma vie, subtile présence qui me travaille en douceur, en silence, sans même que je m'en rende compte. Je découvre que je suis « une conquête du Christ ».

Un prêtre m'avait dit un jour : « Dieu va faire des merveilles pour toi ! Des merveilles que tu n'imagines même pas ! »

Tandis qu'il me disait cela, avec vigueur, je le prenais un peu pour un illuminé. Un gentil rêveur, inoffensif dans son uniforme de prêtre.

Il avait raison, il savait.

Grâce à Jésus, j'ai commencé à grandir, sans savoir où je vais.

Mais j'y vais.

Rendez-vous en pleine nuit

Mardi 14 juillet 2009

Une nuit, sans raison particulière, je me réveille, vers quatre heures du matin. Je soupire et me retourne, sûr de retrouver mon sommeil dans l'instant. Je me sens fatigué et aucune inquiétude particulière, familiale ou professionnelle ne vient frapper à ma porte. Je fais un tour rapide de mes possibles tracas, mais par chance, rien qui mérite une insomnie.

Je trouve une position qui me réussit généralement et attend de m'assoupir avec la patience de celui qui est certain de parvenir à son but.

Mais rien n'y fait. Je me retourne, tente de penser à des choses apaisantes (toujours des visions ridicules). J'écoute la respiration paisible de ma femme, les bruits de la maison, la nuit apaisée de l'été au-dehors.

Je suis bien réveillé.

Alors je me demande si le Seigneur n'est pas en train

de m'interpeller, de me donner cette chance de lui parler. Cette idée germe rapidement en moi.

Je me mets à prier, à réciter un rosaire en silence, dédiant chaque prière à une personne différente.

Une heure dans mon lit à prier.

Plus tard je me lève en silence, m'habille lestement et vais me promener dehors, tandis qu'un jour nouveau se présente à nous, éclairant faiblement la campagne.

J'ai eu un rendez-vous avec Jésus, en pleine nuit, et cela me donne de la force.

Un paon !

Mercredi 29 juillet 2009

Je suis en vacances. Chaque matin, je fais une balade en vélo, seul dans la campagne, m'émerveillant des multiples beautés de la nature. Il m'arrive de croiser au petit matin des animaux sauvages, buses, lièvres, ragondins... Le summum étant pour moi d'apercevoir un chevreuil.

Hier, malgré l'apparente sérénité de ce repos estival, mille tracas venant de mon travail sont venus m'assaillir, tous ensemble ; une série de mauvaises nouvelles, petites et grosses, me sont parvenues, par e-mails, textos et coups de téléphone, sapant mon moral et les bases de ma petite tranquillité.

Dans ce cas, je me connais, j'essaye de me raisonner, de tempérer mon anxiété naturelle, de la relativiser.

Mais cela ne marche jamais. Au contraire, je sens monter en moi, comme une inexorable marée, le doute, toujours le doute, qui fait de moi ce petit caniche mouillé, peureux et minable, qui sommeille en moi.

Je suis parti en vélo, mal à l'aise, ruminant ces tracas indigestes.

J'ai pensé à Jésus, en me disant : « Maintenant que je sais qu'il m'aime, je devrais me sentir plus fort, plus serein ! » Et c'est vrai que malgré tout, je me sens plus fort. Mais au fond de mes tripes il y avait ce petit incendie dévorant de l'angoisse.

Et soudain sur ma route solitaire, au beau milieu du chemin, un magnifique chevreuil, qui me regardait. J'ai freiné tout doucement, pour ne pas l'effrayer, soudain captivé par cette vision privilégiée. Je me suis approché le plus possible, fasciné de voir de si près et si longtemps, cet animal si timide et élégant. Nous nous sommes regardés quelques minutes ; j'avais le cœur battant. Puis d'un bond gracieux, il est entré dans la forêt. Je suis reparti tout heureux de cette rencontre et j'ai remercié le Seigneur de ce cadeau qui m'avait distrait de mes soucis.

Deux cents mètres plus loin, au milieu d'un champ moissonné, en voilà un autre ! Il se met à galoper avec lenteur, tandis que je pédale comme un fou pour ne pas le perdre de vue. Finalement il change de direction, vient vers moi et traverse d'un long saut la petite route pour s'enfoncer dans un champ de tournesols gorgés de soleil... Je suis émerveillé. Je remercie encore le Seigneur.

Je poursuis ma balade et voilà que ma peur s'est transformée en colère ; j'en veux à ces clients difficiles qui nous mettent le couteau sous la gorge, à ces fournisseurs qui me font cruellement défaut, à ces collaborateurs qui me causent du souci... Tout en pédalant, de montées difficiles en délicieuses descentes, voilà que j'engueule en pensée tout le monde, rivant leur clou aux clients, clouant leur bec aux fournisseurs, morigénant les collaborateurs...

Une petite voix intérieure se demande en moi si par hasard le Seigneur ne me ferait pas le plaisir d'une troisième rencontre animale. Ça ferait bien dans mon « tableau de chasse »...

Et voilà, au détour d'une route perdue... un paon.

Un paon ! Que vient faire un tel volatile en pleine campagne paysanne ? En dix ans de vélo, j'ai même vu des sangliers, mais jamais de paon !

Le paon, symbole de l'orgueil bébête.

De mon orgueil si bête.

Merci Seigneur pour ce clin d'œil plein d'humour, qui me rappelle sans doute que je suis avant tout trop content de moi.

Mauvaises herbes

Samedi 8 août 2009

Je rentre chez moi et trouve le jardinet envahi de mauvaises herbes. C'est un minuscule jardinet et je ne pensais pas qu'il pouvait contenir tant de mauvaises herbes, quitte à ressembler à un petit bout de terre sauvage.

Ainsi est mon esprit, envahi de mauvaises herbes, de pensées noires, de turbulences inutiles, d'angoisses stériles.

J'aimerais tant qu'il soit libéré de toutes ces saletés, propre, libre, aéré, seulement occupé aux choses nobles de l'esprit. Il n'en est rien.

J'aimerais me laisser aller à la douce confiance en Celui qui m'aime, me réconforter dans Ses bras, et respirer enfin, apaisé. Il n'en est rien.

Mille petits tracas minables occupent le terrain, font la loi, patrouillent jour et nuit chez moi, comme de petits envahisseurs. Je me réveille la nuit, taraudé par l'anxiété, je me retourne et me retourne et me rendors.

Et quand je prie, en quête d'un peu de sérénité, un orgueil mal placé me dicte de taire ces mille tracas futiles au Seigneur, comme si je devais éviter de l'importuner.

Décidément je suis un mauvais jardinier pour mon jardin secret.

Heureusement, quand je décide de retrousser mes manches et d'arracher, une à une, avec patience, sans gloire, ces mauvaises herbes, je découvre qu'on peut aussi respirer dans mon jardin.

Merci

Jeudi 13 août 2009

Merci Seigneur de ces vacances, de ces jours ensoleillés et de ces jours gris.

De cette chaleur accablante et de la brise du soir.

De cette mer vivifiante, iodée, vivante et aussi de ces champs tranquilles et odorants.

De ces moments de solitude en Ta présence et de ces moments en famille simples et paisibles ; de ces amis qui ont passé ; de ces conversations qui restent ; de ces repas parfois trop lourds, mais aussi de ces élans de frugalité qui m'ont rapproché de Toi ; de ce vin que j'ai bu et de celui que je n'ai pas bu.

Merci Seigneur de m'insuffler Ta force qui me tranquillise, Ton amour qui me réjouit.

Merci d'avoir moins peur. Moins peur de cette rentrée et de ses nuages accumulés ; moins peur de mes peurs.

Merci Seigneur.

Lumineuse rencontre

Dimanche 23 août 2009

J'arrive dans la gare grouillante de monde, bruyante, sorte de fourmilière géante ; je ne peux m'empêcher de penser à une colonie de vers et d'asticots, pullulant dans une charogne. J'en fais partie.

Je porte sur mon épaule un lourd sac qui contient mon ordinateur et du travail. Ce sac me pèse, comme s'il pesait plus lourd que son poids normal. Je suis fatigué de ma semaine, de ces soucis qui roulent derrière moi, de ce long voyage et de ces dossiers interminables qui m'attendent.

Chaque pas me semble lourd et fatigant. Je me fraye un passage dans la foule hâtive, indifférente.

Soudain je crois apercevoir le visage d'une amie que je n'ai pas vue depuis de nombreuses années. Je m'arrête pour vérifier. C'est bien elle. Elle est plongée dans la lecture de son journal, sur le quai.

J'hésite à aller la trouver. On dirait que quelque chose m'en empêche. Je passe mon chemin, trouve mon train sur le panneau d'affichage, m'apprête à composter mon billet.

Je suis un peu en avance et j'attends moi aussi. Tout à coup je me dis que c'est idiot de ne pas saluer cette amie. J'hésite encore. Je me dirige vers le quai où elle se trouvait. Elle sera sans doute montée dans son train et j'aurai raté l'occasion. Tant pis.

Elle est toujours là; elle n'a pas bougé.

Je m'approche. Je prononce son prénom, elle lève son visage et m'adresse un sourire rayonnant.

Nous nous embrassons, nous étonnons de nous retrouver, comptons les années qui nous séparent de notre dernière rencontre... le temps presse, nos trains respectifs partent dans dix minutes.

Soudain elle me dit : « J'ai lu ton livre, et ça m'a fichu un coup terrible... J'ai beaucoup pleuré en le lisant. Tu sais, moi aussi je sais que je crois en Dieu mais mon mari est un athée convaincu et je ne peux pas parler de ces choses avec lui. »

Et nous voilà parlant de Jésus, au milieu de cette gare. Je m'émeus à mon tour.

Puis nous nous embrassons à la hâte et me voilà assis dans mon train qui s'élance lentement.

Je suis tout heureux de cette rencontre et repense aux paroles de Jésus, quand il promettait que si nous étions au moins deux à parler de lui, il serait parmi nous.

J'ai senti sa présence par la joie qui pétille dans mon cœur.

Parfois je me demande...

Samedi 5 septembre 2009

Parfois je me demande ce que je fous.

Je suis toujours ému par Jésus, presque comme au premier jour ; j'ai conscience de parcourir un nouveau chemin derrière lui, parfois seul, parfois aidé intimement par des rencontres, parfois par ceux qui me lisent, m'interpellent, commentent.

Et quand j'éteins un instant le bruit de ma vie et que je balaye d'un regard mon décor professionnel, je me demande pourquoi je joue cette partie-là.

Pourquoi je me démène pour gagner de l'argent et de nouveaux marchés, toujours en alerte, toujours à l'affût, comme un chasseur inquiet ? Comment puis-je consacrer autant d'énergie, de temps, de ressources, d'ingéniosité, comment puis-je mobiliser autant d'attention et de disponibilité pour gagner plus d'argent ?

Je me demande aussi comment je suis devenu orgueilleux. L'étais-je au départ ? Le suis-je devenu ? Je découvre chaque jour la solidité à toute épreuve de cette chape de béton qu'est mon orgueil, sur laquelle semblent reposer les fondations de beaucoup de mes entreprises.

Je sais que beaucoup de mes actions sont purement vaines, mais je les poursuis tout de même.

Je ne suis ni amer, ni triste. Seulement étonné.

Faire de son mieux

Samedi 19 septembre 2009

L'autre jour, en marchant dans la rue, promenant mon chien, je me suis rendu compte que cela faisait cinq bonnes minutes que tout mon esprit était absorbé à river son clou à un type qui m'avait énervé la veille. Vu de l'extérieur, je pouvais passer pour un homme paisible promenant son chien. Mais à l'intérieur, c'était un festival d'arguments, de bons mots, blessants et efficaces, lancés avec brio à cet adversaire imaginaire...

Je me suis arrêté et n'ai pu m'empêcher de rire de moi-même, tant j'étais ridicule de me retrouver à donner des leçons pour le plaisir de donner des leçons. Une fois de plus, mon ego avait pris le contrôle de mes pensées, alors que je le croyais aux fers dans une cave.

Je ne comprends pas à quoi me sert tout cet orgueil qui pousse naturellement en moi comme de mauvaises herbes qui se glissent partout, notamment dans mes relations aux autres.

Je comprends en revanche que rechercher l'humilité ou croire qu'on l'approche est inutile et dangereux ; c'est encore une manipulation de l'ego. Les quelques rayons d'humilité que j'ai rencontrés dans ma vie ont toujours succédé à des moments d'humiliation subis et précédé des instants de grâce et d'amour. Des moments qu'on ne peut pas commander.

Mon ami

Samedi 26 septembre 2009

Merci Seigneur de Te savoir mon ami. Chaque jour, j'en éprouve un sanglot de gratitude. Confronté à la rugosité de la vie, Ton amour panse mes plaies, adoucit mes douleurs, calme mes tourments, me permet d'aimer mieux ceux que j'aime et me donne envie de donner le meilleur de moi-même.

Merci Seigneur pour ces épines qui parfois me blessent et me réveillent ; elles me rappellent la saveur de la vie, la longueur du chemin et ma petitesse que j'oublie.

Merci Seigneur pour ces journées de soleil, où tout semble possible.

Merci Seigneur de ces rencontres inattendues, comme hier, une jeune femme venue pour un entretien d'embauche et avec qui nous avons parlé de Jésus pendant une heure.

Merci Seigneur de cet ami qui m'a tapé sur l'épaule pour me donner un petit conseil. Un conseil avisé.

Merci Seigneur de ne plus avoir peur de mes qualités et de mes défauts.

Merci Seigneur de me laisser T'aimer.

Un merveilleux courant d'énergie

Samedi 3 octobre 2009

Une amie a souhaité déjeuner avec moi cette semaine pour me parler de spiritualité, pensant naïvement trouver chez moi des réponses à ses questions.

Cela faisait longtemps que je ne l'avais vue et je ne savais pas trop ce que nous allions nous dire...

La veille, j'avais témoigné de ma rencontre avec Jésus devant une trentaine de personnes, dans une petite salle, une ancienne laverie, avec une vitrine donnant sur le trottoir. En m'y rendant, j'avais eu un peu le trac et puis, comme chaque fois, je m'étais lancé et le regard attentif de ces gens, de ces inconnus bienveillants, m'avait porté, puis ému, et enfin donné de la force.

Mon amie a un bon regard, un joli sourire, un air bon. Nous échangeons sur nos vies respectives, parlons de notre travail, de notre famille. Le temps passe, nous avons fini notre entrée et voici le plat qui arrive. Et je me demande comment nous allons en arriver à parler de...

ce pour quoi nous sommes là. La conversation s'appauvrit soudain, je nous vois chercher nos mots...

Deux jours plus tôt, trois Suisses ont tenu à me rencontrer pour me parler d'un projet destiné à rendre les entreprises plus humaines. L'un d'entre eux m'a touché quand il m'a dit : « Nos grands-parents vivaient à l'échelle de leur village, ils se sentaient capables de changer un peu leur monde. La mondialisation a fait de nos enfants des êtres qui pourraient se considérer impuissants : comment changer le monde quand même l'ONU n'y parvient pas ? Un jeune qui cesse de croire qu'il peut changer le monde, qu'il est unique et qu'il est capable de créer de grandes choses est désespéré. » Et il m'a raconté comment un vieux médecin en Inde a réussi tout simplement à guérir gratuitement trois millions d'aveugles atteints de la cataracte dans son pays, avec un peu de volonté et d'ingéniosité. Ce discours m'a impressionné et donné du courage.

Je regarde mon amie et je mets les pieds dans le plat. « Alors ? »

Et nous voici parlant des morts et de Jésus. La conversation devient émouvante.

Au moment de nous quitter, mon amie m'avoue avoir du mal avec l'Église, le dogme, le rite... Elle me demande : « Comment tu vois l'Église, toi ? » Et je lui réponds que pour moi l'Église n'est plus la vieille institution imposante de mon enfance, mais un simple petit courant électrique, un merveilleux courant d'énergie qui se passe de main en main depuis plus de deux mille ans, comme nous venons de le faire depuis deux heures tous les deux. « Jésus a dit que si on se réunissait pour parler de lui, il serait avec nous. C'est ce qui vient de se passer, ici et aujourd'hui ; nous avons communié avec lui, tout simplement. »

Tous créateurs

Samedi 10 octobre 2009

Une jeune fille que je connais m'a demandé un entretien pour parler de son avenir, incertain, inconnu, inquiétant, dans ce monde attirant de l'audiovisuel. Nous déjeunons ensemble, car j'ai voulu dédramatiser l'entretien. Je comprends son anxiété (qu'il est difficile de savoir ce qu'on veut faire, avant même d'oser se demander si on est capable de le faire !...) et mon objectif est de la rassurer, de lui donner confiance, lui montrer que tout n'est pas si difficile.

Le déjeuner s'avère sympathique, mais il m'apparaît compliqué de cerner, dans toutes les réponses contradictoires qu'elle me lance, les réelles envies de cette jeune femme débordante de vie. J'essaye plusieurs angles d'attaque, l'air de rien, mais elle déjoue toutes mes tentatives. Je sonde ses talents cachés et ce qu'elle n'aime pas faire, j'explore ses goûts artistiques... rien de probant. Finalement, c'est sur le terrain des peurs que je finis par élucider une partie du mystère. En explorant avec elle ce qui l'effraie le plus dans cet avenir insaisissable, se dessine peu à peu les contours de sa vocation professionnelle. Et je m'entends lui dire : « Tu vois, quand tu ne sais pas où aller, va vers tes peurs, sans écouter les bons arguments dissuasifs qui te sont fournis par ton petit diable intérieur. Va vers tes peurs car elles sont là pour te désigner l'endroit où se cachent tes désirs profonds. »

En rentrant au bureau, je repense à tout cela et une récente conversation avec une amie surgit dans mon esprit. Elle avait été frappée par le témoignage d'un homme, à la radio, disant que si on savait de quoi nous sommes capables, ce que nous sommes capables d'accomplir, nous serions émerveillés. L'idée sous-jacente était que nous pensons être terrifiés par nos limites, par notre suffisance, notre impuissance, alors qu'en fait ce qui nous fait vraiment peur, c'est notre immense pouvoir, ce pouvoir de créateur que nous recélons en chacun d'entre nous sans oser l'accomplir...

Cette idée est puissante et nous met devant notre responsabilité. Elle ouvre des perspectives impressionnantes, qui me donnent un peu le vertige. Pour ne pas y succomber tout de suite (j'ai une réunion budgétaire qui commence dans cinq minutes), je me rassure en me disant que ces perspectives mériteront réflexion, pas maintenant, plus tard, quand je serai prêt, quand j'aurai le temps... bonne méthode pour esquiver le sujet.

« Finalement la seule chose qui importe, c'est que, si Dieu existe, si nous en faisons l'expérience, si nous l'avons rencontré, si nous vivons de lui, alors la vie aura de telles dimensions qu'il n'y aura pas besoin de parler de Dieu parce que nous serons devenus nous-mêmes une vivante parole de Dieu » (Maurice Zundel).

Le paradis, c'est les autres

Samedi 24 octobre 2009

Toute mon enfance, je me suis ennuyé à la messe.

Pas un dimanche sans bâiller.

Je regardais les autres et je me disais qu'ils s'ennuyaient ferme, comme moi. Docilement.

J'en étais venu à la conclusion suivante : être chrétien, c'est s'emmerder une heure par semaine tous ensemble. C'est un petit sacrifice, un effort.

Un jour où je demandais à mon père pourquoi on allait encore et encore à la messe, il m'a répondu : « Jésus a dit : faites cela en mémoire de moi. Alors moi je fais cela en mémoire de lui. » Cette phrase m'est restée. C'est peut-être une des premières fois où Jésus m'a paru réel.

Aujourd'hui Jésus fait partie de ma vie et j'attends d'aller à la messe chaque dimanche. Maintenant je regarde les autres et je me dis qu'eux aussi sont peut-être contents d'être là. C'est que mon point de vue a changé.

Je découvre peu à peu qu'il n'y a pas de conversion

possible sans les autres. C'est là un nouveau mystère qu'il me faudra approfondir.

En effet, j'ai souvent pensé que la foi se cultivait seul. Elle était différente chez chacun d'entre nous, inexplicable, intransmissible.

Elle était le fruit d'une rencontre personnelle et unique.

Elle se cultivait par la prière, monologue ou dialogue intime entre Dieu et un individu...

Mais il y a un hic.

J'ai beau cultiver du mieux que je peux ma foi, essayer de l'entretenir, de nourrir sa faim par des lectures, c'est toujours avec les autres que je me reconvertis. Quand il m'arrive de parler de Dieu avec des amis, ou que je vais témoigner devant un public inconnu. Ou quand je reçois une lettre, un e-mail, ou un message sur ce blog qui viennent me dévier de ma trajectoire, me bousculer, me réveiller.

Il ne suffit pas de se convertir, il faut sans cesse se reconvertir. Et le Seigneur, en « m'obligeant » à le faire avec les autres, me désigne une vérité improbable mais terriblement intrigante : il serait peut-être possible d'aimer son prochain comme soi-même...

Car celui que je n'aime pas, c'est moi. Celui que j'envie, c'est moi. Celui qui m'énerve, c'est encore moi.

Et celui que j'aime, c'est peut-être Lui.

Nous sommes tous des hommes

Samedi 7 novembre 2009

Je m'assois en face du prêtre. Il a installé deux petits micros, face à face. Il est venu pour recevoir le témoignage de ma rencontre avec Jésus, pour une radio qu'il anime.

Je sais ce que je vais dire, mais je suis impressionné. Impressionné de témoigner devant un prêtre. C'est plus facile de parler devant un auditoire profane, inculte comme moi. Ici, face à cet homme plus âgé que moi, à la mine austère, je ne peux pas faire le malin. Avant de démarrer l'interview, il me pose quelques questions anodines, et je ressens une personnalité cérébrale, un peu froide peut-être.

Il me dit d'un ton monocorde qu'il a lu mon livre et l'a apprécié. Il ajoute : « il y a beaucoup d'humour dans votre texte, c'est bien », comme s'il s'agissait là d'une maigre circonstance atténuante. Je ne m'en sens que plus intimidé. Je me sens jugé par une sorte d'autorité morale, comme si j'allais passer un examen.

Il parle peu. Ne sourit pas une fois. Il appuie sur un bouton et m'invite à raconter mon histoire.

Je me lance et comme toujours, je commence par essayer de faire rire. J'ai en face de moi un regard sérieux, un visage atone qui écoute.

Peu à peu je décide de ne plus m'inquiéter de ce face-à-face désarçonnant et je me concentre sur la vérité de mon récit. L'émotion me gagne, j'oublie tout, la chaleur du Christ m'envahit.

Quand j'ai fini, je lève à nouveau mon regard sur le prêtre sévère. Il m'adresse un bon sourire et je remarque que ses yeux sont humides. Il me dit : « Ce qui est beau dans votre récit, c'est sa simplicité, qui nous montre que nous sommes tous pareils, que nous sommes tout simplement des hommes. »

Et voici que je me sens proche de lui, enfin. Réunis par la force de Jésus, une fois de plus. Ce n'était pas gagné d'avance.

Non, un homme tout simplement

Samedi 14 novembre 2009

Je suis allé témoigner devant un groupe de dirigeants chrétiens un matin de cette semaine. J'étais un peu intimidé de me retrouver face à ces hommes et femmes de responsabilité, ayant fait l'effort de me réserver deux heures dans leur emploi du temps surchargé. Ils avaient l'air sérieux, exigeants, motivés.

Ayant vu la liste prestigieuse des intervenants passés par cette institution et surtout leurs sujets d'exposés précédents, j'ai préféré prévenir d'emblée la petite assemblée présente : je ne suis pas venu faire une conférence brillante sur la foi et l'entreprise, mais seulement raconter mon histoire personnelle, la seule que je connaisse.

En effet, ce qui me frappe quand je témoigne, c'est la façon délicate et modeste par laquelle Jésus est entré dans ma vie. Pas d'illumination divine, pas de révélation dans une église déserte, pas de voix dans la nuit...

mais de petits pas, minuscules, vers un amour de plus en plus fort, vigoureux, solide, constructeur.

Une main se lève pour poser une question. « Ne croyez-vous pas qu'après votre enfance dans une famille catholique pratiquante, puis vos premières années d'adulte où vous aviez choisi de vous éloigner de l'Église, votre nouvelle conversion à quarante-cinq ans n'est pas une façon pour vous de renouer avec les délices de l'enfance ? »

C'est la première fois qu'on me pose cette question. Je soupèse cette expression poétique, les *délices de l'enfance* – ça ferait un bon titre de roman – et soudain la réponse se présente à moi, toute chaude : « Je ne crois pas. Je crois même que c'est l'inverse ; j'ai aimé mon enfance, mais cette rencontre avec Jésus a été une rupture définitive avec celle-ci. Car Jésus a fait de moi un homme. Avant, j'étais incapable de me voir comme un homme accompli, solide, protecteur. Je n'étais qu'un caniche mouillé tremblant de peur dans une carcasse d'homme. En me tapant sur l'épaule et en m'invitant à le suivre, Jésus m'a fait renaître pour devenir l'homme que je suis, avec ses faiblesses et ses forces. »

En prononçant ces phrases, je me retiens de pleurer et je passe à la question suivante.

Deux libertés qui se rencontrent

Samedi 28 novembre 2009

Ce matin, de bonne heure, je regarde le film consacré à Paul Bedel, ce paysan de la Manche dont Panorama a parlé ce mois-ci. *Paul dans sa vie* est un beau titre parce qu'il nous renvoie à nous-mêmes. D'entrée de jeu, Paul dit à propos de ce documentaire qu'on veut faire sur lui et sa famille : « Vous allez nous trouver folkloriques... Mais moi, je ne suis pas dans le folklore... je suis dans ma vie. » Comme Paul, nous sommes tout simplement dans notre vie, ni plus ni moins. On peut considérer que cette vie est une prison, ou bien une chance, quoi qu'il en soit on ne choisit pas.

Le film nous raconte avec une délicieuse lenteur la vie du paysan. Aucune rupture, aucune surprise, les jours et les saisons se succèdent... jusqu'à la rupture. Paul ne peut retenir un pudique sanglot quand il l'évoque. La mort d'un proche ? La perte d'une récolte ? Non. La rupture de sa vie, c'est le jour où le curé lui a demandé d'aller porter la communion à un voisin. C'est ainsi que le Christ a appelé Paul Bedel, tout simplement, en lui parlant dans son patois. Depuis, pour qualifier cet appel auquel il répond toujours, il dit : « moi personnellement, je ne peux pas dire non à quoi que ce soit ».

Cela me rappelle ce que m'a dit un journaliste venu m'interroger cette semaine à propos de ma rencontre avec Jésus. « Ce qui est fascinant chez tous ceux qui témoignent comme vous, c'est qu'on sent toujours qu'il y a un appel, différent pour chacun, et un choix d'y répondre, ou pas. C'est la rencontre de deux libertés, et c'est précisément ça qui est beau. »

Il a raison. Et je suis comme Paul : moi, personnellement, je ne peux pas dire non...

Cela me renvoie aussi au texte de Grégoire de Narek (Le Livre des prières) :

Il fut un temps où je n'étais pas, et tu m'as créé.
Je n'avais pas prié, et toi, tu m'as fait.
Je n'étais pas encore venu à la lumière, et tu m'as vu.
Je n'avais pas paru, et tu as eu pitié de moi.
Je ne t'avais pas invoqué, et tu as pris soin de moi.
Je ne t'avais pas fait un signe de la main, et tu m'as regardé.
Je ne t'avais pas supplié, et tu m'as fait miséricorde.
Je n'avais pas articulé un son, et tu m'as entendu.
Je n'avais pas soupiré, et tu as prêté l'oreille.

As-tu donné le contrôle de ta vie ?

Samedi 12 décembre 2009

Par un des hasards de l'informatique, une centaine de commentaires de ce blog sont restés coincés quelque part sans être publiés, alors que j'ai donné instruction dès le premier jour de les publier tous, sans exception. Et voilà que tous ces messages sont arrivés d'un coup d'un seul. Et je me suis mis à les lire, petit à petit. Parfois ils datent de cet été, se réfèrent à des messages que j'ai oubliés.

Lundi, un de ces commentaires perdu m'a sauté au visage. Une femme m'interpellait avec sincérité et me demandait : « Thierry, même si ma question est indiscrète, je te la pose : as-tu décidé de donner ta vie à Jésus, lui as-tu dit qu'il en avait désormais le contrôle absolu ? »

Ma gorge s'est serrée.

C'est une bonne question.

Pas une question facile.

Une bonne question...

J'y ai pensé. Tout d'abord j'ai senti que non, je ne

l'avais pas fait formellement. Et je m'en suis trouvé un peu minable, après tout ce que Jésus avait fait pour moi.

Je n'ai pas ce courage, apparemment.

Et puis je repense à ces deux dernières années passées au quotidien avec Jésus. Et je me rends compte que cela fait longtemps que j'ai capitulé, au sens où je sais que c'est lui le patron. Au sens où je ne fais que cheminer avec lui, avec joie et labeur, depuis le jour de ma rencontre avec lui.

Mais je ne le lui ai pas encore dit.

Bienveillance chérie

Samedi 19 décembre 2009

Cette semaine à nouveau, beaucoup de rencontres émouvantes avec Jésus.

Un café pris avec un homme de communication qui a rencontré le Christ. Nous parlons de choses et d'autres, des affaires, de la crise, puis de Jésus. Je lui dis que j'ai toujours des bouffées soudaines de gratitude pour Jésus. Il me raconte comment, l'autre jour, marchant dans la rue, il a pris conscience que tout ce que nous voyons vient de Lui. Il en était tout ému. En nous quittant, il me prête un CD d'une conférence qu'il a donnée, sans m'en dire plus.

Déjeuner avec un copain de lycée que je n'avais pas revu depuis trente ans. Quand il se présente, je ne le reconnais pas. Mais une fois qu'il sourit, je retrouve son visage. Avant même de nous raconter nos vies, nos états civils, nous voilà parlant de la foi. Il me dit qu'il était croyant et qu'il a rejeté la foi, car croire aveuglément à ce que sa raison refuse lui est pour l'instant impossible. Je lui dis que c'est tout le duel entre la raison et la vérité, deux amies pas toujours faciles à réconcilier. Tout au long du repas, je remarque que nous sommes très différents, nous pourrions même nous opposer volontiers dans nos convictions. Cependant une certaine bienveillance nous anime tous les deux. Au détour de la conversation, je lui dis que je ne me sens en aucune manière supérieur à lui par ma foi, mais chanceux d'avoir cette foi.

En sortant, je me demande si le verbe « croire » est approprié. Dans mon cas, je n'ai pas l'impression de « croire », mais de « savoir », de « ressentir » la présence de Jésus dans ma vie quotidienne. Je n'ai aucun mérite, je ne fais pas un effort pour « croire », je ne viole pas ma raison.

Discussion avec une collaboratrice qui me demande de lui raconter mon expérience. Je lui dis que croire, pour moi, est comme d'être amoureux. C'est en principe donné à tous, gratuitement. Et quand on reçoit ce don, il est bon et rend la vie plus facile à vivre. Tandis que nous parlons de tout cela, dans mon bureau, je m'émerveille de pouvoir parler de Jésus Christ si facilement.

J'écoute la conférence de mon ami dans ma voiture. C'est drôle, enlevé, juste et aussi émouvant. Il parle de la vision que tout chrétien devrait avoir, une vision bienveillante, qui va au-delà des apparences. C'est exactement ce que je ressens depuis que j'ai croisé la route de Jésus : un besoin naturel de regarder les autres avec bienveillance, cette bienveillance chérie qui change tout.

Et puis soudain il dit une chose qui me touche beaucoup : il faut arrêter toutes ces discussions futiles avec ses amis... Les amis sont faits pour être regardés, en profondeur. Il faut aussi se laisser regarder par eux. C'est vrai.

Un petit garçon

Samedi 2 janvier 2010

C'est un petit garçon, il a onze ans. Il se demandait bien ce qu'il pouvait demander à la Vierge Marie ; c'est le curé de la paroisse qui lui avait suggéré de demander quelque chose, en faisant sa prière. « N'hésite pas à lui parler, à te confier à elle, à lui ouvrir ton cœur… »

Il a réfléchi plusieurs jours, et puis une idée lui est venue. « Maman dit que je suis orgueilleux parce que je me vexe facilement et qu'après je boude. Alors, Marie, si tu m'entends, fais que je ne me vexe plus. »

L'occasion s'est présentée aujourd'hui. C'est lui qui a rangé toute la cuisine, mis la table avec une vraie nappe et même un petit bouquet de fleurs. Ses frères et sœurs ne l'ont pas aidé. C'est une surprise qu'il fait à sa mère.

Quand elle rentre, elle est pressée et de mauvaise humeur. Elle ne remarque pas la belle table et la cuisine toute propre. Au contraire elle s'agace parce qu'il y a des vêtements qui traînent dans le salon. Elle est prise dans ses préoccupations, absorbée par ses soucis. Elle prépare le déjeuner à la hâte, tout en téléphonant.

Le petit garçon attend qu'elle raccroche pour qu'elle remarque enfin la jolie nappe et les couverts habilement disposés de chaque côté des assiettes. Il se réjouit d'avance de lire sur le visage de sa mère la satisfaction devant cette bonne surprise. Elle demandera qui a fait ça et il attendra modestement que l'un de ses frères et sœurs le désigne ; alors, encore toute parfumée de la fraîcheur du dehors, de cette odeur qu'ont les grandes personnes qui travaillent, sa mère s'approchera de lui, le prendra dans ses bras et ce sera un délice.

Le petit garçon attend, tout dévoré de désir d'être aimé par sa mère. Un ouragan de désir balaye toutes ses pensées d'enfant, tandis que le déjeuner commence, sans histoire. La mère demande au plus grand s'il a fait ses devoirs. S'ensuit une longue conversation à ce sujet. Le petit garçon attend son heure. Son moment de gloire ne vient pas. Plusieurs fois, n'y tenant plus, il est à deux doigts de faire remarquer à sa mère la belle table qu'il a mise ; il n'ose pas, de peur de gâcher la beauté de la chose.

Le déjeuner se termine. La mère demande à qui est le tour de desservir. Le petit garçon hésite encore une fois à attirer l'attention de sa mère. L'occasion passe, sans qu'il ne dise rien.

Et voilà, c'est terminé, la belle table se défait sous ses yeux déçus, chacun retourne à ses tâches.

Le petit garçon se sent triste, un peu abandonné.

Plus tard lui revient la prière qu'il avait faite à Marie. « Aide-moi à surmonter mon orgueil... » N'a-t-il pas réussi, en ne disant rien, à surmonter l'envie qu'il avait d'être complimenté ? Marie l'aurait-elle écouté ?

Maintenant il se sent moins seul.

Le goût de vivre

Samedi 9 janvier 2010

« À une époque, j'étais un homme heureux en apparence. J'avais tout eu : une enfance heureuse, des parents qui m'aimaient, un univers familial artistique stimulant. Mes parents avaient beaucoup d'argent, nous avions un train de vie agréable. J'avais tout eu et j'avais encore tout : une femme adorable, très belle, une bonne santé, et une cervelle qui marchait bien – après mes études, réussies, je venais de trouver l'emploi que je cherchais... »

Ainsi commençait le témoignage de cet homme hier soir, dans la petite salle polyvalente où il y a trois ans j'ai fait la rencontre de Jésus. Je n'étais jamais revenu depuis dans ce lieu austère. J'avais hésité à venir à cette soirée de témoignages ; en m'approchant de l'endroit, mon cœur s'était mis à battre, j'avais le trac et j'avais bien failli m'en aller.

Et voilà que j'étais à nouveau assis avec d'autres sur une petite chaise d'école, face à onze personnes venues témoigner de leur relation personnelle avec Jésus. En écoutant cet homme, j'ai senti l'émotion me gagner.

« J'avais tout et cependant il me manquait quelque chose, sans que je puisse m'en rendre compte par moi-même. Il me manquait le goût de vivre... Je n'étais pas malheureux, encore moins suicidaire, tout allait pour le mieux dans le meilleur des mondes... mais je n'avais aucune perspective, je ne voulais pas d'enfants. En plus, j'étais un bon catholique, bien comme il faut, offrant l'apparence d'un homme pieux. Mais personne ne pouvait voir l'intérieur de mon cœur, qui était vide. Et puis un jour je suis venu à une soirée comme celle-ci et de fil en aiguille j'ai croisé le chemin de Jésus et à partir de ce moment, c'est comme si mon cœur s'était mis enfin à battre, et soudain j'avais découvert le goût pour la vie. Et alors j'ai dit une chose que je n'aurais jamais pu formuler avant, j'ai dit que je me voyais vivre vieux... »

Est-ce le regard bleu de cet homme, le ton apaisé de sa voix, sa silhouette fluette, son attitude discrète, la force qui émane de son geste ?

Quand il parle, il me donne envie de pleurer.

Je crois que je viens de reconnaître Jésus en lui.

Porte-à-porte

Samedi 16 janvier 2010

Une nouvelle semaine de rencontres, tournées autour du Christ.

J'avais oublié que mon interview passait dans « Le Jour du Seigneur » dimanche dernier. Elle a suscité des réactions inattendues. Des messages sur ce blog et un copain qui m'envoie un e-mail ironique pour se moquer un peu de moi, gentiment. Il termine son petit message amical par une phrase qui me trouble : « Cette grâce qui t'arrive est bien normale : tout va bien pour toi, tu en éprouves un sentiment de culpabilité et par conséquent tu te tournes vers Jésus... »

Qu'en sera-t-il de mon amour pour Jésus quand la vie m'éprouvera ? Il se trouve que je viens de commencer le Livre de Job, démonstration d'une foi qui résiste aux pires épreuves. Un ami, qui traverse de grandes souffrances dans sa vie familiale, me dit qu'on se ressemble tous les deux, notamment dans notre relation à Jésus, mais que moi je suis heureux; tandis qu'il souffre en soute, je suis sur le pont, confortablement installé dans un transat, sirotant un cocktail, et racontant à qui veut bien m'écouter combien Jésus me rend heureux... De quoi en agacer certains.

Déjeuner avec des responsables des Bernardins. L'un d'entre eux, qui a vu l'interview, me dit que la chose la plus importante que j'ai dite est ce besoin que j'ai d'une relation forte avec Jésus. Moment d'émotion entre nous, dans ce restaurant.

Un des hommes qui ont organisé la catéchèse fondatrice de ma rencontre avec Jésus me raconte qu'une nouvelle catéchèse commence lundi prochain. Je lui demande comment il recrute. Il me dit qu'il fait du porte-à-porte, au hasard, dans le voisinage de la paroisse. Des gens lui ferment la porte au nez, d'autres sont polis mais indifférents. D'autres, rares, écoutent. J'admire ces gens qui ouvrent leur porte comme ils ouvriraient leur cœur. Et j'admire le courage de cet homme, père de famille, chef d'entreprise, qui, après une journée bien remplie, fait du porte-à-porte pour Jésus.

« Suis-moi », dit Jésus dans l'évangile du jour. Et l'homme se lève, laisse tomber ses affaires pour le suivre.

Tourner en rond

Samedi 23 janvier 2010

Le message que j'ai laissé la semaine dernière n'a pas laissé indifférent !

On m'a trouvé « tristounet », on m'a mis en garde de ne pas devenir un « converti professionnel », qui « s'autocélèbre », qui est perpétuellement « au centre de ce qui s'exprime », qui s'enferme dans « l'étape du dire », qui, en racontant toujours son histoire, se « construit une prison involontaire »...

On m'a incité à « devenir écoutant », à prier davantage pour discerner dans la prière mes autres dons.

On veut m'éviter de « tourner en rond ».

J'avoue que ces multiples commentaires m'ont pas mal secoué !

Cette semaine, hasard du calendrier, je devais témoigner (encore !) mardi à l'heure du déjeuner dans une classe de premières dans un lycée parisien et vendredi après-midi devant cent trente-cinq terminales dans un autre...

En m'y rendant, avec toujours un brin de trac, les commentaires de ce blog tournoyaient dans mon esprit et me posaient question. Pourquoi continuer à témoigner, et raconter la même histoire ? Le faisais-je pour moi, pour ma gloire personnelle ? Pour ces jeunes ? Pour Jésus ? Étais-je en train de devenir un professionnel du témoignage, confortablement installé dans son petit rôle bien rodé, sûr de ses effets, bien à l'abri dans une position gratifiante ? S'il y a une chose que j'ai apprise dans ma vie, c'est qu'il faut se méfier comme de la peste de toute forme de confort ; confort d'avoir raison, de se sentir nanti, arrivé quelque part, de se croire admiré ou même aimé... Chaque fois que je ressens un sentiment de confort, je sais qu'une déconvenue me guette.

De toute façon il était trop tard, j'avais accepté ces invitations, on m'attendait, je ne pouvais plus reculer.

Ces deux témoignages ont été à la fois épuisants et régénérants.

En rentrant hier, en réponse à mes propres questions, je me suis dit que j'acceptais cet exercice pour toutes les raisons en même temps : pour moi, pour les jeunes, pour Jésus. Et je suis sûr que ces témoignages doivent avoir un sens, dont il ne m'appartient pas de discerner la portée.

Pour ce qui concerne les commentaires du blog, ils m'ont apporté, avec un peu de recul, une grande joie. J'ai remercié le Seigneur de les avoir reçus. Ce sont comme des bourrades bienveillantes, qui m'aident à avancer, à dévier légèrement de ma route, et peut-être à éviter de tourner en rond.

Et si je me suis montré « tristounet », je le regrette bien, car franchement, la vie est belle et votre bienveillance, parfois bourrue, est une bénédiction.

Sur le devant de la scène

Samedi 30 janvier 2010

Je suis heureux des nombreux commentaires qui enrichissent ce simple blog. Quand j'ai accepté d'écrire une fois par semaine, c'était par envie. L'envie qui me démange toujours de partager mon enthousiasme, de rendre grâces au Seigneur, de Le remercier de m'avoir touché.

N'étant pas très porté sur les choses d'Internet, je n'imaginais pas alors que le vrai intérêt de ce blog n'allait pas se trouver dans mon apport personnel (la règle du jeu étant pour moi de ne commenter ni l'actualité ni ma vie intime, mais de raconter, le plus simplement possible, mon chemin dans la foi au jour le jour, avec tout ce que cela comporte de médiocrité et de joie), mais bien dans les commentaires qu'il allait susciter et qui me font réfléchir. C'est sans doute pour cela que le Seigneur m'a lancé cette invitation. C'est peut-être la récompense qu'il a prévue pour moi.

Cela étant dit, il est vrai que je suis parfois un peu troublé de me trouver sur le devant de la scène, que ce soit dans ce blog (alors que je suis le moins érudit du club), dans les émissions où je suis parfois invité, et enfin dans ces témoignages auxquels je me rends. Je ne me sens aucune autorité particulière, et pourtant je parle, et me mets en avant sans hésiter. Vanité ou grâce ? Plaisir narcissique ou devoir qui s'accomplit ? Je ne sais pas, c'est ainsi, et j'ai décidé de ne plus me poser cette question. Tant qu'on me demande, je réponds.

Le plus compliqué, c'est quand on me pose, en tant que « catho de service », des questions délicates. Il me faut alors tourner sept fois ma langue dans ma bouche avant de répondre. Parmi celles qui reviennent si souvent (et qu'on a dû vous poser cent fois), il y a les questions qui tournent autour de l'injustice divine ; si Dieu existe, pourquoi un tremblement de terre en Haïti ? Pourquoi les méchants, les mauvais, les malfaisants se portent si bien, s'enrichissent, vivent parfois une meilleure vie que la nôtre ?

J'ai trouvé, en forme de réponse, un très beau commentaire de saint Augustin : « Les biens accordés aux méchants leur échapperont pendant leur vie, ou ils devront les abandonner au moment de leur mort. Pour toi au contraire, ce qui t'est promis te restera pour l'éternité... Tourne donc le dos à ce qui tombe en ruine, et tourne ton visage vers ce qui demeure. »

Tout en Un, tous en Un

Samedi 6 février 2010

Je suis frappé, comme on peut être frappé par une gifle ou par une découverte extraordinaire. J'en reste interdit, stupéfait, le cœur battant.

Je ne suis pas sûr de pouvoir décrire ce qui me frappe, je vais essayer pourtant.

Au début, quand j'ai redécouvert la parole de Dieu, et les Évangiles, j'étais comme un chien méfiant, je m'en suis approché, l'air de rien, en prenant mon temps. En humant tous les effluves humains qui éclatent à travers les lignes des Évangiles, en reconnaissant des personnages qui me parlent, comme Zachée, ou le centurion romain, et aussi ces anonymes dans la foule qui doutent, qui murmurent, qui n'en pensent pas moins... je me suis détendu. On me parlait de ce que je connaissais. Alors je me suis amusé de reconnaître, deux mille ans après, les mêmes trognes qui partagent ma vie, les mêmes élans, les mêmes traits de grâce et aussi les mêmes lâchetés.

Puis je me suis émerveillé des enseignements donnés par Jésus, qui m'allaient droit au cœur, m'incitaient à réfléchir.

Mais ce qui aujourd'hui me frappe de stupéfaction, c'est de me rendre compte que chaque parole de Jésus, aussi précise ou détaillée soit-elle, contient toute la Parole. Comme on la regarde, même si elle semble toute petite ou anecdotique, elle s'avère infinie. Je ne sais pas comment expliquer précisément cela. Chaque parole est unique, singulière... et universelle, totale. De même qu'on peut reconnaître une personne aimée au simple son de sa voix, au bruit de sa démarche, à sa façon de monter un escalier, à son regard, à ses mains, au parfum qu'elle laisse flotter dans l'air... Ces simples traces nous restituent en un clin d'œil toute la personne dans son entièreté. De même on peut trouver dans chaque parole toute la Parole.

Et c'est vrai aussi de ceux qui parlent de Lui, se reconnaissent en Lui. Ils sont tous uniques, différents, reconnaissables comme tels... et pourtant universels. Nous sommes tous frères et sœurs, malgré nos différences, malgré notre envie de ne pas l'être. C'est plus fort que nous. D'où qu'on regarde, nous sommes tous partie d'un tout.

Vous savez sans doute cela.

La Parole faite chair

Samedi 13 février 2010

« Jésus l'emmena à l'écart, loin de la foule, lui mit les doigts dans les oreilles, et, prenant de la salive, lui toucha la langue » (Mc 7,33).

Je suis émerveillé par la sensualité de cet Évangile.

La Parole dans le corps humain, la Parole à travers les cinq sens, la Parole faite chair. C'est un paradoxe. La Parole devrait toucher l'âme seulement et cependant elle touche le corps. On la ressent en soi comme le sourd-muet a ressenti les transformations, tout en douceur, dans sa chair.

Un commentaire d'Enzo Bianchi dans *Panorama* est venu à ma connaissance par hasard. « "La vie de l'homme c'est de voir Dieu", a écrit saint Irénée. Plus encore : la vocation de l'homme, c'est de devenir Dieu. "Mais comment pourras-tu être Dieu si tu n'es pas même encore un homme ?" demande l'évêque de Lyon. Deviens donc un homme vivant, et c'est alors que tu sauras transmettre, à travers l'authenticité de ta propre personne, la foi qui t'a mis debout. »

Ces paroles me parlent particulièrement, elles résonnent en moi avec force, car je sais qu'en me permettant de le rencontrer, Jésus a commencé à faire de moi un homme.

« Le Christ est pour moi un compagnon de route quotidien. Au cœur des interrogations, des doutes. Il me fait découvrir le Père. Je le reconnais dans mes voisins » (Élisabeth Maquin).

Nous sommes tous frères et sœurs dans la Parole.

Pour ceux qui restent

Samedi 20 février 2010

Deux fois cette semaine, j'ai croisé la liberté du chrétien.

Une première fois dans une soirée de réflexion à bâtons rompus avec des gens très différents les uns des autres, à propos des valeurs chrétiennes, et même de la « sagesse chrétienne ». Il y avait là des chrétiens croyants, des chrétiens déchristianisés, un prêtre, un juif. La discussion était animée et bienveillante. Vers la fin, la notion de liberté (liberté de choisir son chemin, liberté de chercher, liberté de croire...) est ressortie. Et je me sentais, peut-être un peu bêtement, fier d'être chrétien, en partie à cause de cette liberté.

La seconde fois c'était lors d'un déjeuner en tête à tête avec un homme que je ne connaissais presque pas, mais qui s'est révélé un frère, l'espace d'une conversation à propos de Jésus. Nous aurions pu rester tout l'après-midi à parler de Lui avec émotion. Il me racontait sa conversion, en haut d'une montagne, un rayon de lumière délicate qui a réveillé son cœur endormi. Je lui témoignais combien la délicatesse du Seigneur en toute chose est chose émouvante et il m'a répondu : « C'est vrai, il n'y a jamais viol des consciences... Il nous laisse toujours la liberté. »

Je m'apprêtais donc à partager cette idée de liberté avec vous quand un drame brutal chez des proches, des très proches, est venu bouleverser notre quotidien paisible. Une jeune femme, malade depuis longtemps et en grande souffrance, a choisi de mourir, laissant sa famille dans le choc et la douleur.

Alors je vous demanderais de prier pour cette jeune femme, maintenant apaisée, et pour les membres de cette famille.

Pour ceux qui restent, tous ceux qui restent et souffrent comme eux.

Devenir pauvre

Jeudi 25 février 2010

Il y a quelque temps, j'ai rencontré une jeune femme, l'espace d'un après-midi où j'étais venu l'aider à déménager, avec d'autres.

Cette jeune mère de famille est malade, d'une maladie inquiétante, qui la menace.

En fin de journée, une fois le travail effectué dans la bonne humeur, nous sommes tous repartis, fatigués et heureux d'avoir rendu service. Nous avons retrouvé le confort familier de nos voitures, de la route éclairée, du chemin qui mène à la maison.

Depuis cet épisode, il n'y a pas un jour où je ne pense pas à cette femme et à sa maladie. Je prie le Seigneur de la guérir, comme il en a guéri tant d'autres. Ma foi ne doit pas être bien grosse, même pas comme une graine de moutarde, car sa maladie est toujours là, je le sais, je m'en suis discrètement informé. Je suis comme le jeune homme riche, qui s'en va, triste de ne pouvoir répondre à l'invitation que Jésus lui a fait de le suivre.

Je retrouve dans mes papiers ce texte de Mère Teresa, qui me remue : « Il ne faut pas se satisfaire de donner de l'argent ; l'argent n'est pas assez, car on peut en trouver. C'est de nos mains que les pauvres ont besoin pour être servis, c'est de nos cœurs qu'ils ont besoin pour être aimés. La religion du Christ est l'amour, la contagion de l'amour. [...] La difficulté, c'est que bien souvent les riches, ou même les gens aisés, ne savent pas vraiment que sont les pauvres ; c'est pourquoi nous pouvons leur pardonner, car la connaissance ne peut que conduire à l'amour, et l'amour au service. C'est parce qu'ils ne les connaissent pas qu'ils ne sont pas émus par eux. »

Alors je prie pour un jour être capable de devenir un pauvre de cœur, capable encore plus de m'émouvoir.

Et en attendant que ma foi grossisse, je vous serais plus que reconnaissant de m'aider à prier pour cette jeune femme.

Le Seigneur avec moi en vacances

Dimanche 7 mars 2010

Je suis parti en voyage en Afrique, au Sénégal. Je suis un peu mal à l'aise de profiter de ce genre de privilège.

Je me demande si je vais trouver une messe, dès le deuxième jour, alors que ceux qui voyagent avec moi ne sont pas intéressés. Je décide de ne pas m'imposer, de ne rien demander. Un homme vient nous trouver le premier soir pour nous présenter diverses excursions. Nous finissons par choisir la visite d'une petite île perdue dans les méandres de la rivière. Nous la programmons pour dans trois jours. Juste avant de nous quitter, l'organisateur lâche, comme par hasard : « J'oubliais, il y a aussi une messe demain matin, dans un village de brousse. Ce n'est qu'à quinze kilomètres mais la route est mauvaise, il faut compter une heure de trajet… » Contre toute attente, tout le monde décide d'y aller. Je suis heureux.

Une grande église en tôle, d'un côté les hommes endimanchés, de l'autre les femmes sur leur trente et un.

Certaines portent un bébé silencieux dans leur dos. Des enfants assurent la chorale.

Deux jours plus tard, je marche longuement sur la plage avec ma femme. Il y a du vent, nous ne parlons pas beaucoup. Je décide de profiter de cet instant de paix et de communion avec la nature pour prier un peu. Je pense tout de suite à cette jeune mère malade, qui se débat à l'hôpital, en France. À cet instant précis ma femme se tourne vers moi et me dit qu'elle pense à cette femme, qui souffre seule.

L'excursion prévue a lieu. Nous arrivons dans un petit restaurant, un peu perdu. D'après notre guide, il devrait y régner le plus grand calme. Au contraire quand nous arrivons, ce ne sont que cris de joie, embrassades, rires tonitruants. Nous nous asseyons à une table, un peu intimidés. Le guide part se renseigner. « Ce sont tous les prêtres de la région qui se réunissent ici une fois par an, pendant le carême, pour discuter d'un thème. Ils sont contents de se retrouver. »

J'y vois un nouveau clin d'œil du Seigneur. Je suis content d'être ici parmi ces prêtres, et d'être un catholique parmi les catholiques. J'y vois une sorte de privilège.

Une fois le déjeuner terminé, je me promène un peu et regarde le tableau des activités de ce rassemblement. Un grand prêtre s'approche de moi. « Vous regardez notre programme ? D'où venez-vous ? » me demande-t-il avec un grand sourire.

« Moi, je suis un catholique, venu de France. »

Il me contemple un instant, semble réfléchir.

« Un catholique... anonyme », dit-il.

Je le regarde avec stupeur. « C'est incroyable, que vous prononciez ces paroles. J'ai écrit un livre qui s'intitule exactement comme ça. *Catholique anonyme...* »

Il sourit. « Et où peut-on se procurer un tel livre ? » Je lui réponds que je vais le lui envoyer. Tandis que nous cherchons un stylo et un bout de papier pour noter son adresse, je l'entends qui parle en wolof à un autre prêtre. Je ne capte qu'un seul mot : « Providence ».

Le Seigneur était avec moi, en vacances.

Une force tranquille

Samedi 13 mars 2010

Il m'arrive encore de témoigner.

Alors je ne prêche pas, je ne développe aucune théorie, je ne commente pas l'actualité, je ne prends pas position pour de grandes causes.

Je ne fais que raconter mon histoire. En entrant dans la salle, je sais à peu près ce que je vais dire. Je ne sais pas comment je vais le dire, par où je vais commencer. J'adapte mon récit à l'auditoire ; s'il s'agit de très jeunes par exemple, je m'attarde sur mon rôle de père et ses difficultés, parce que ça les intéresse de savoir ce que se disent entre eux leurs parents. Je connais maintenant les endroits clés de mon aventure et ceux qui font rire l'auditoire.

Cependant, d'année en année, mon témoignage évolue malgré moi. Ma façon d'aborder ma propre histoire change, la vision que j'ai de mon expérience n'est jamais tout à fait la même, ni tout à fait une autre.

Hier soir, j'ai parlé à des jeunes de seconde, qui s'apprêtent à faire leur confirmation. Sur le papier, un public facile, parce que conquis. En réalité, un public exigeant, méfiant, attendant longtemps avant de s'ouvrir.

Et j'ai vu poindre, dans mon discours rodé, une nouvelle façon de parler de Jésus, comme si pour la première fois je m'appuyais sur lui avec confiance. J'ai parlé de l'amour de Jésus comme je n'avais jamais osé en parler auparavant. J'étais plus sûr de moi, sans pour autant être arrogant ou péremptoire. Une sorte de force tranquille avait germé en moi sans que je m'en aperçoive.

Je Lui en suis reconnaissant.

En revanche, une fois de plus hier soir, j'ai retrouvé cette même difficulté à conclure, à trouver la bonne phrase de fin, celle qui sonne bien.

C'est parce que mon histoire vient tout juste de commencer. Avec Lui, il n'y a que des commencements.

Meilleures ennemies

Samedi 20 mars 2010

Ce qui m'émeut le plus dans ma relation à Jésus, c'est que depuis que j'ai croisé son chemin, mes angoisses, comme de lâches petits démons, s'enfuient devant Lui.

Du plus loin qu'il m'en souvienne, j'ai toujours été un garçon angoissé, torturé de l'intérieur ; en grandissant, mes angoisses personnelles ont évolué et grandi avec moi. Quand j'avouais cette faiblesse, cela faisait sourire, cela étonnait, car j'affiche à l'extérieur une apparente tranquillité et même une certaine assurance, dans un grand corps solide.

Et pourtant... à l'intérieur de cette carcasse imposante, j'avais l'impression d'être une petite chose mouillée, tremblante de peur. Et il me fallait des trésors de courage pour accomplir les tâches banales à ma portée.

À force de vivre avec elles, j'avais fini par penser que mes angoisses étaient mes meilleures amies. D'abord parce qu'elles étaient fidèles, toujours là pour moi, dans les mauvais moments comme dans les bons. Ensuite parce qu'elles me connaissaient intimement et savaient me parler là où ça fait mal. Enfin parce que je leur trouvais deux qualités : d'une part, elles étaient peut-être mes moteurs dans la vie. D'autre part, elles m'empêchaient de verser dans la vanité, qui est un penchant naturel chez moi...

Et puis Jésus est venu me taper sur l'épaule. Et depuis que je Le suis, ces meilleures amies me sont apparues pour ce qu'elles sont, de meilleures ennemies, que Jésus chasse une à une quand elles tentent de s'approcher de trop près.

Et j'éprouve pour Jésus une gratitude sans cesse renouvelée pour cela.

Je pensais que si je tuais mes angoisses, je deviendrais vaniteux. C'est l'inverse qui se produit, parce que ce n'est pas moi qui les ai chassées, mais bien Jésus. Et je me sens tout petit dans Ses bras.

Je viens de découvrir le psaume 18, qui décrit si bien ce phénomène. Les ennemis que Dieu chasse ne sont pas extérieurs à moi, mais bien intérieurs.

Je t'aime Yahvé, ma force
(mon sauveur, tu m'as sauvé de la violence).
Yahvé est mon roc et ma forteresse,
mon libérateur, c'est mon Dieu.

Je m'abrite en lui, mon rocher,
mon bouclier et ma force de salut, ma citadelle.
Loué soit-il ! J'invoque Yahvé,
et je suis sauvé de mes ennemis
[...]
Il tend la main d'en haut et me prend,
il me retire des grandes eaux,
il me délivre d'un puissant ennemi,
d'adversaires plus forts que moi.

Ils m'attendaient au jour de mon malheur,
mais Yahvé fut pour moi un appui ;
il m'a dégagé, mis au large,
il m'a sauvé, car il m'aime.

Merci, les disciples d'Emmaüs

Samedi 10 avril 2010

Mercredi dernier, nous avons pu redécouvrir cet épisode troublant des disciples d'Emmaüs (Lc 24,13-35).

Voici deux hommes de bonne volonté, attristés par ce qui vient d'arriver à Jésus, son injuste condamnation à mort, dans la grande ville de Jérusalem. Nous ne savons rien de ces deux hommes qui reprennent la route, si ce n'est qu'ils semblent avoir pour Jésus, peut-être pas de l'amitié, tout du moins une très grande estime.

Et malgré ce sentiment fort qu'ils ont pour Jésus, quand celui-ci s'approche d'eux, eux qui auraient tant aimé le rencontrer, lui parler, le soutenir peut-être, ils ne le reconnaissent pas ! Quel gâchis ! Quel ratage complet ! « ... il marchait avec eux. Mais leurs yeux étaient aveuglés, et ils ne le reconnaissaient pas. »

C'est bien là toute l'histoire de notre parcours de chrétiens. Une envie de croire, sincère, et des yeux aveuglés. « Comme votre cœur est lent à croire », leur dit Jésus.

Comme le mien, dont je me félicite si souvent qu'il ait été touché par Jésus, est endormi bien souvent ! Un cœur de pierre, voilà ce que j'ai au fond de moi. Je suis comme les disciples d'Emmaüs, je marche, je cherche, je pense être sincère et voilà que le Christ marche avec moi et que je ne le vois pas. Pour un peu je lui en voudrais de ne pas se manifester, alors qu'Il est là, à côté de moi, depuis le premier jour et jusqu'à mon dernier souffle... Je sais tout cela, la preuve c'est que je l'écris, et cependant, si je ne Le vois plus, je m'inquiète de Son absence, je me sens abandonné, triste, déçu. Je suis comme ces disciples.

Heureusement il y a toujours de l'espoir. « Alors leurs yeux s'ouvrirent, et ils le reconnurent, mais il disparut à leurs regards. Alors ils se dirent l'un à l'autre : “Notre cœur n'était-il pas brûlant en nous, tandis qu'il nous parlait sur la route, et qu'il nous faisait comprendre les Écritures ?” À l'instant même ils se levèrent... »

Soyons les uns pour les autres des disciples d'Emmaüs, aidons-nous à reconnaître Jésus, ouvrons-nous les yeux les uns des autres.

La bouche près du cœur

Samedi 17 avril 2010

J'apprécie la compagnie des femmes. Avec elles, on ne perd pas de temps à se lustrer l'orgueil ; on parle, tout de suite de choses importantes. Avec la plupart des hommes, on palabre, on écoute l'autre s'écouter, on se raconte des histoires, on déporte la conversation vers des sujets extérieurs à nous-mêmes.

Quand on parle de Jésus avec des femmes, l'émotion affleure vite et c'est comme de se désaltérer à une source particulièrement délicieuse, particulièrement fraîche, particulièrement pure, par un jour aride, chaud et sec.

Dans « L'Évangile selon Pilate », Schmitt écrit : « Sous prétexte qu'on me voyait passer des heures à discuter ou me promener avec telle ou telle, on en avait conclu que j'avais dix liaisons. Il est vrai que j'aimais la compagnie des femmes et qu'elles aimaient la mienne. Mais nous ne disparaissions pas dans les buissons ou dans les granges pour nous frotter l'un contre l'autre, nous discutions.

Rien d'autre. Nous discutions. Les femmes parlent plus vrai, plus juste : elles ont la bouche près du cœur. »

Hier encore, trois femmes que je ne connaissais pas sont venues dans mon bureau me parler de Jésus et j'ai passé avec elles un moment précieux, le meilleur de ma journée.

Rayons de soleil

Samedi 8 mai 2010

Une semaine agitée.

Tous les évangiles du jour sont des enseignements inouïs de Jésus, au seuil de quitter cette Terre. Les dernières recommandations d'un Fils, qui est pour nous un père aimant, bienveillant, protecteur, qui souhaite tirer le meilleur de nous-mêmes. Je décide de relire ces textes plus tard car pour le moment, telle une petite mouche vrombissante, prise dans une toile d'araignée, je me démène comme un beau diable pour faire avancer mes projets, qui dépendent du bon vouloir d'autres.

En particulier ce film que nous essayons de produire et dont le thème (adaptation de *Catholique anonyme*) en repousse certains, provoque la méfiance ou l'indifférence. C'est une course contre la montre, à la recherche d'appuis, de fonds. Toute la semaine est une longue montagne russe de petites bonnes nouvelles, immédiatement suivies de mauvaises, qui semblent tout compromettre.

Pendant ce temps, l'équipe travaille, sans connaître la teneur de ces soubresauts épuisants.

Les financements a priori acquis, « mécaniques » comme les appellent les financiers, ces sommes escomptées déjà inscrites dans nos comptes, s'effondrent soudain ! Catastrophe, on repart à zéro. Le chemin est ardu, la pente est raide et quand certains me conseillent d'abandonner, d'être raisonnable, le doute commence à s'installer en moi. Je suis à deux doigts de flancher.

Pendant ce temps, l'équipe avance, prépare le film.

Je suis obligé de frapper aux portes, à toutes les portes possibles et imaginables, de faire du bruit, beaucoup de bruit pour qu'on m'entende, qu'on m'ouvre, et de convaincre, de demander de l'aide, de mettre ma fierté dans ma poche pour tendre humblement la main... chose qui ne m'est pas agréable.

Alors arrivent ces petits instants de grâce, ces rayons de soleil inespérés qui me donnent envie de pleurer. Un message d'amitié glissé dans mes e-mails, une proche qui s'affaire dans l'ombre pour trouver de l'aide, un lecteur de mon livre qui décide d'investir avec panache...

Et puis cet ami, que j'ai toujours connu solide et solaire, qui aujourd'hui me regarde dans les yeux pour me dire, comme si de rien, avec légèreté, qu'il comble le trou qui m'empêche d'avancer, et qu'on n'en parle plus.

Je rentre chez moi, la gorge serrée, le regard troublé,

en retrouvant en moi la même saveur douce amère de gratitude que j'éprouve toujours quand je dis, avec la voix qui s'étrangle un peu, combien Jésus a changé toute ma vie.

L'Esprit saint est toujours avec nous

Samedi 15 mai 2010

Semaine marquée par un va-et-vient de calmes et de soubresauts. Le financement du film prend forme, quelques bonnes nouvelles précèdent de mauvaises, suivies de bonnes... Semaine agitée, puis calme avec le pont de l'Ascension. Semaine banale, puis arrive mon anniversaire, puis un autre jour...

Il me vient à regretter de n'être pas plus proche du Seigneur, dès que je suis happé par ces petits événements de ma vie. Je suis trop content de me jeter dans la mêlée et le matin j'essaye de prier, en vain ; mille pensées viennent me perturber, m'emmener vers de nouveaux rivages. Le soir je me love dans les bras du Seigneur avec l'intention de Lui parler et je m'endors avant d'avoir terminé un Notre Père. Je m'en veux un peu, comme un mari qui délaisse sa femme.

Et puis le jour de mon anniversaire, par hasard, je rentre dans une église que je ne connais pas où commence une messe. J'essaye de saisir l'occasion pour me concentrer sur ma prière. Mais je me mets à penser au film et à tous ces détails que je ne dois pas oublier... Me voilà distrait une fois de plus. Alors une vieille dame à la voix tremblante prend le micro pour énoncer des intentions de prières. Je m'attends à de traditionnels vœux pour l'Église, le pape et ceux qui rencontrent la misère. La petite vieille évoque alors le festival de Cannes et souhaite que les vedettes et les films nous inspirent plus d'humanité. J'en reste interdit, comme si je venais de recevoir un encouragement (et une mise en garde) de l'Esprit saint. Je ressors de l'église tout heureux de ce cadeau d'anniversaire inattendu.

Le lendemain, à un ami financier qui s'enquiert de l'avancée du film, je réponds par texto quelques informations concrètes et finis en disant que j'espère que le Saint-Esprit est avec nous.

Sa réponse ne tarde pas, mon téléphone vibre.

« Cher Thierry, l'Esprit saint est toujours avec nous, comme un jardinier qui cultive notre âme. C'est donc un domestique que l'on peut solliciter... Ces propos ne sont pas de mon cru, mais du curé d'Ars ! »

On n'a jamais fini de se convertir

Samedi 29 mai 2010

Hasard des calendriers, une semaine truffée de témoignages.

Tandis que le tournage du film approche, je vois le projet m'échapper soudain, comme si le vent s'était engouffré dans la grand-voile ; les financements prennent forme et se présentent différemment de ce que j'avais imaginé. Je suis pris dans le maelström de toute cette organisation, je continue de courir de rendez-vous en rendez-vous, essayant de convaincre les uns et les autres... Je découvre alors avec un peu de trac que je me suis engagé il y a bien longtemps à témoigner de ma rencontre avec Jésus deux fois cette semaine. Un soir dans une église de quartier et le lendemain après-midi aux Bernardins. J'avais oublié...

Deux moments qui se révèlent « magiques ». Le premier par la communion des pèlerins venus ce soir-là en masse dans cette église redécorée, par la qualité des autres témoignages, par la ferveur sans ostentation des gens qui prient. Le second, plus académique (je suis assis devant deux micros et une caméra dans un auditorium moderne), s'avère émouvant parce que à deux reprises ma voix s'étrangle d'émotion quand je sens Jésus poser sa main sur mon épaule. On me pose des questions sur le sens de ma conversion : « vous avez fait un livre, bientôt un film... très bien. Et après ? Vous ne pensez pas qu'il faille aller plus loin, parler dans les médias, soutenir le pape, agir ? » Je souris. « Moi je ne suis pas un combattant, je ne suis qu'un témoin. Chacun son talent. »

En rentrant, je reçois d'une amie ce texte de Jean Moussé sur la conversion :

« Le sens de l'existence ne s'inscrit pas seulement dans les gestes d'éclat, et il est plus difficile d'en prolonger la manifestation dans les simples gestes de la vie quotidienne. Là est le vrai courage. Là se manifeste la conversion.

Saint Paul fut jeté à bas de son cheval, mais on vit seulement le lendemain qu'il s'était converti. L'orgueilleux pharisien, devenu humble, le manifestait dans une douceur nouvelle (et jamais acquise). Il réprimait un geste d'impatience, faisant passer l'expression de sa douleur après l'attention qu'il prêtait aux peines d'autrui, partageant un coin de table, etc. Tous ces gestes du converti s'inscrivent au-delà de la routine, dans la permanente invention qui leur donne sens.

On n'a jamais fini de se convertir. »

Quel intérêt ?

Samedi 5 juin 2010

Drôle de semaine encore.

Nous sommes à la recherche des derniers financements pour le film. Des banquiers bienveillants m'ont organisé coup sur coup trois petits déjeuners avec des investisseurs potentiels.

Moi qui suis habitué à témoigner gratuitement dans des salles paroissiales le soir auprès de pèlerins sympathiques, ou dans des lycées devant des élèves indifférents, ou dans des groupes de prières enthousiastes, me voilà dans des salons lambrissés, face à des gens bien habillés et cultivés.

Je suis là pour leur donner envie d'investir dans mon film. Mais je ne sais que témoigner de ma rencontre avec Jésus.

Je les regarde et me sens intimidé. Je me dis que je ne dois pas me laisser impressionner par leur richesse. Eux aussi ont le droit de chercher leur relation avec le Christ.

Avant de commencer, je me sens mal à l'aise, car je suis ici par intérêt, moi qui témoigne sans intention que d'émouvoir et de donner envie aux gens de rencontrer Jésus. Je me rassure en me disant que c'est pour faire un beau film.

Et je me lance.

Et l'émotion me gagne. Je crois qu'elle éclabousse aussi ces gens chics. Les voilà un peu bousculés, ébouriffés. Je le vois dans leurs regards. Je suis content. Je ne sais pas s'ils investiront, peu m'importe finalement. Je les ai touchés, voilà l'important.

Hier soir je découvre les toutes premières images du film, magnifiques, déjà émouvantes.

Les choses arrivent

Samedi 12 juin 2010

Nouvelle semaine pleine de surprises.

Certains qui nous ont laissé entendre qu'ils seraient intéressés à participer au financement de notre film ne se manifestent plus. Nous les avons relancés et relancés encore, puis nous nous sommes tus. Nous attendons, vaguement inquiets. Il faut se rendre à l'évidence, ils nous ont lâchés, au dernier moment. C'est ainsi, il ne faut pas en prendre ombrage, ni se fabriquer une inutile amertume ; ce serait se punir deux fois.

Et puis soudain des financements inespérés se présentent, d'un peu partout ! Petits chèques, gestes qui touchent et nous aident. Un couple de retraités se présente à notre bureau, avec un chien... et un chèque ! Ils ont entendu parler de notre film (qui sait comment ?) et cela les a tentés ! De la famille lointaine se manifeste soudain, avec sympathie... Peu à peu les choses se construisent.

Cette quête m'a tellement pris de temps et d'énergie que j'en ai presque oublié le film, qui se tourne pourtant depuis huit jours. J'ai dû m'occuper des enfants (c'est ma femme qui réalise) et je me rends pour la première fois sur le tournage mercredi... Et c'est justement une scène de catéchèse, particulièrement émouvante. Le soir je regarde les prises des trois derniers jours et je sens un sentiment de gratitude immense en voyant cette œuvre se construire avec autant de grâce, par le travail des autres.

Aller seul

Vendredi 2 juillet 2010

Ces deux dernières semaines sont marquées par une forme, sinon de doute, de confusion.

Samedi dernier, ayant une heure à perdre, je suis entré dans une église vide et me suis assis sur un banc. Pour une fois je ne me suis pas lancé dans une prière toute faite, je ne me suis pas mis à remercier, à demander pardon... je ne demandais rien, en fait. Je me suis abandonné dans les bras de Jésus. Au début, un tas de pensées farfelues sont venues me distraire puis peu à peu le calme m'a envahi. Puis est apparue l'idée que ma relation à Jésus devait évoluer, qu'il était temps de grandir, de s'éloigner des émotions rassurantes, de lui faire assez confiance pour m'aventurer tout seul sur son chemin. Je suis sorti apaisé et émerveillé d'avoir réussi, pour une fois, cet exercice qui je crois était une prière.

Depuis (est-ce un hasard?) j'ai reçu des témoignages, une lettre, un livre, une visite au bureau, une conversation, allant dans ce sens. Des gens me disant que mes émotions n'étaient pas des garanties de la présence de Jésus, et que c'étaient dans mes défauts, mes faiblesses, mes fautes que je trouverais les forces qui me feraient avancer... et surtout pas dans ma volonté de toujours bien faire.

Cela me trouble. La fin d'année est stressante, je mange trop, je bois trop, je ne dors pas assez, je m'agace dans mon travail, je montre des signes involontaires d'impatience, je me sens injustement triste et abandonné, je ne m'aime pas beaucoup, je m'exténue à poursuivre des buts chimériques, j'assure la logistique de mon quotidien, il fait chaud.

Je dois apprendre la patience.

Je dois apprendre à ne plus avoir peur d'aller seul.

Et j'ai peur.

Illusion

Samedi 17 juillet 2010

Voici revenu le temps des vacances, week-ends prolongés entre stations de travail sous le soleil, orages et chaleurs, bruits de la ville et cris d'enfants qui s'amusent dans la piscine.

Une forme de sérénité s'installe en moi. Je pédale dans la campagne magnifique et je loue le Seigneur pour l'extraordinaire beauté de chaque chose, la rondeur d'une vallée, un papillon qui m'accompagne de son vol maladroit, la couleur des blés, ces somptueux tournesols orientés comme un seul homme vers la lumière divine.

Je remercie le Seigneur avec une sincère émotion de la force qu'Il a su insuffler en moi et qui me permet désormais d'affronter les incertitudes professionnelles, les conflits de dernière minute, les menaces à peine déguisées des clients surpuissants, qui jadis me travaillaient des nuits entières, flattaient en moi une mauvaise agressivité et développaient d'immenses étendues de peurs...Je vois cela de façon plus tranquille, détachée, humble.

Je m'en remets au Seigneur et le remercie de ce détachement, de cette force, de ce début de sagesse qui semble pousser en moi.

Et puis un petit neveu tout bronzé, un de ces enfants charmants à la voix claire et aux jambes de sauterelle, me défie de faire deux longueurs de piscine sans reprendre ma respiration. Lui-même s'exécute avec facilité.

Me voilà dans le silence bleu, mes grands bras essayant de me propulser le plus vite en utilisant le moins d'énergie possible.

Mais aux deux tiers de l'exercice, je manque d'air. Une peur panique me prend à l'idée de suffoquer ; une peur de mourir, une peur enfantine qui fond sur moi comme une ombre immense. Je ressors précipitamment.

Qu'il est bon de respirer !

Alors je prends conscience de ma peur de mourir qui est là, toute proche, sous la très fine couche d'assurance que je croyais avoir gagnée. Je pense à Jésus, à cet homme, allant vers sa propre mort sans broncher. Et je rougis d'avoir cru un instant à l'illusion de ma force.

Savoir attendre

Vendredi 23 juillet 2010

Le plus difficile, dans la façon que l'on a d'aimer Dieu, c'est de savoir attendre.

Quand Il ne vient pas.

Attendre sans impatience.

Lui faire confiance. S'abandonner à Lui, à Sa volonté.

Profiter d'attendre pour bien vivre.

Et quand Il est là, qu'on se sent palpiter en Lui, ne pas chercher à Le garder pour soi.

« Cesse de me tenir, je ne suis pas encore monté vers le Père », dit Jésus à Marie Madeleine, toute pleine d'amour pour lui.

Mon instinct d'humain est de vouloir posséder ce que j'aime, ma femme, mes enfants, ma vie.

Mais il faut ouvrir son cœur et tout lâcher.

Pour continuer de L'attendre.

Pauvreté impossible

Vendredi 30 juillet 2010

« Le Royaume des cieux est comparable à un négociant qui recherche des perles fines. Ayant trouvé un perle de grande valeur, il va vendre tout ce qu'il possède, et il achète la perle » (Mt 13,44-46).

Eh oui, ça a l'air simple comme bonjour.

Pour ceux qui n'ont pas trouvé, il y a toutes les excuses ; ceux-ci cherchent Dieu sans Le trouver, ceux-là attendent un signe... Ils cherchent, aveugles, et c'est déjà un effort remarquable.

Mais pour celui sur lequel la grâce est tombée, pour celui qui a déjà rencontré Jésus, qui déborde d'amour pour lui... alors qu'il fasse comme le marchand de perles, qu'il vende tout ce qu'il possède, qu'il ne perde pas une minute de plus à thésauriser d'inutiles possessions terrestres, à les compter, à les surveiller, à les faire fructifier ! Non ! Qu'il se dépêche, qu'il brade tout, car il a déjà trouvé la plus grande richesse qui soit !

Saint Bonaventure, parlant de saint François d'Assise, dit : « Personne n'a gardé son argent aussi jalousement que François a gardé sa pauvreté ; jamais personne n'a surveillé son trésor avec plus de soin qu'il n'en a mis à garder cette perle dont parle l'Évangile. »

Eh oui, c'est limpide...

Je suis comme le jeune homme riche que Jésus invite à le suivre avec une grande tendresse ; je m'en retourne vers mes petites richesses matérielles avec tristesse, car je suis incapable à ce jour de tout vendre.

Pourtant, la perle, je l'ai trouvée.

Et surtout, sois fier de ton travail...

Samedi 7 août 2010

Je me demande souvent ce qu'a fait Jésus les trente premières années de sa vie.

Trente ans, c'est long. À cette époque, où l'on mourait plus jeune qu'aujourd'hui, trente ans était déjà un âge respectable. L'équivalent de cinquante aujourd'hui ?

On ne sait de Jésus que l'épisode où, vers douze ans, il a rétorqué à sa mère qu'il avait à s'occuper des « affaires de son Père ». Il était encore un jeune enfant, suffisamment jeune pour que ses parents s'inquiètent pour lui, et il savait donc déjà de qui il était le Fils.

Il savait. Peut-être même que Marie lui avait déjà raconté tous ces faits étranges liés à sa naissance, les enfants aimant bien qu'on leur raconte comment ils sont nés. Comment l'ange était apparu à sa mère, comment celle-ci avait accepté son sort avec simplicité. La comète, les Rois mages, le massacre des premiers-nés qui montrait l'importance de l'événement... Joseph aussi avait dû donner sa version des faits, l'envie de répudier Marie, et le songe qui lui avait fait changer d'avis. Il est probable que ces conversations aient eu lieu, le jeune Jésus cherchant à se renseigner.

Alors, qu'a fait le Fils de Dieu pendant ces trente longues années d'anonymat ?

Selon toute vraisemblance, il a travaillé comme menuisier, avec son père vieillissant. Il a façonné le bois, discuté avec les clients, balayé son échoppe, jour après jour.

Comment est-ce possible d'avoir accepté ce destin monotone, quand on est Jésus, Sauveur du monde ?

Voilà une leçon d'humilité, qui dépasse même le lavement des pieds ! Attendre avec patience d'accomplir son œuvre, quand l'heure sera venue. Pas avant.

Et balayer son échoppe chaque jour, année après année.

Une partie de la réponse à cette question revient peut-être à mon ami prêtre, Éloi, qui m'avait dit un jour, où je devais lui paraître impatient, nerveux, piaffant de désirs inassouvis... « Si Dieu a besoin de toi, ne t'inquiète pas, Il te le fera savoir. En attendant, vis ta vie et surtout, sois fier de ton travail. »

Déplacer son point de vue

Vendredi 27 août 2010

Dimanche dernier, au bord de la mer, me rendant à « ma » messe habituelle de vacances, à « mon » heure habituelle et dans « mon » église habituelle, j'ai été surpris de trouver porte close. Pas de messe ici aujourd'hui, ou alors beaucoup plus tard.

En revanche on m'informait par panonceau que commençait dans une vingtaine de minutes une messe dans un parc inconnu de mes services...

J'ai hélé un monsieur endimanché, pull jaune crème jeté sur les épaules, qui semblait aussi perplexe que moi. Lui demandant s'il savait où se trouvait ce parc, il a haussé les épaules, un brin agacé et m'a répondu : « Au diable ! ». Puis il est reparti de son côté.

Moi aussi j'étais agacé. Pourquoi faut-il toujours qu'on nous change nos habitudes ? C'est déjà assez compliqué de caser une messe au milieu des obligations familiales ! J'ai hésité à rentrer chez moi, puis me suis décidé à essayer de trouver leur foutu parc. J'étais en vélo et plusieurs fois l'envie pressante de rentrer s'est présentée à moi. Finalement j'ai trouvé ledit parc et me suis dirigé vers cette messe en plein air d'où provenaient les plaintes bêlantes de binious.

C'était une messe gigantesque, dans un théâtre en plein air, une célébration bretonne, avec orchestre et costumes populaires.

Je me suis assis sur l'herbe, à la fois étonné de cette foule et encore un peu énervé d'être ici.

Peu à peu je me suis laissé porter par les événements et me suis pris à observer cette foule en arc de cercle, chantant sous un ciel traversé de bons gros nuages. Je les ai observés d'un œil neuf, n'étant pour une fois pas assis à « ma » place habituelle, au fond à gauche, dans « ma » paroisse habituelle de vacances. Et la vérité de l'Église m'est apparue plus vivante que jamais : l'Église n'est pas une institution dogmatique, mais plutôt un club de fidèles, d'amoureux de Jésus qui se réunissent depuis deux mille ans en sa mémoire, comme aujourd'hui, comme partout dans le monde.

Soudain j'étais content de faire partie de cette drôle de famille.

Il faut parfois déplacer son point de vue de quelques mètres pour redécouvrir la joie.

Réveiller la flamme

Samedi 4 septembre 2010

L'autre jour j'étais invité à une émission de radio avec deux personnes que je ne connaissais pas, un pasteur protestant, vif et curieux, ayant écrit un livre destiné aux agnostiques et un homme au regard doux et aux cheveux gris, venu de Bretagne pour raconter comment il essaye de réveiller la foi chez ceux qui pensent ne pas l'avoir.

J'avoue que j'ai été immédiatement impressionné par ces deux hommes bien différents, mais réunis par leurs paroles simples et convaincantes. J'ai admiré la limpidité de leurs propos.

Le laïc disait que nous avons tous la foi, sans le savoir. Et que nous la cherchons sans parfois la trouver. Sa méthode pour susciter la curiosité de ceux qui viennent le trouver est de leur poser une simple question : « À ton avis, d'où te vient ton désir de vivre ? »

Le pasteur disait que dans une société où l'on cherche

le plus souvent ce qui ne va pas, ce qui est mal, lui posait la question suivante : « Qu'est-ce que tu fais de ce qu'il y a de bien, de beau dans ta vie ? »

Voilà le propre des sages : ils posent des questions.

Prière d'un tout-petit

Vendredi 5 novembre 2010

Jésus tu es mon frère, mon confident, mon ami, mon protecteur, mon Amour, mon Dieu.

Un jour tu es entré dans ma vie, avec une délicatesse infinie, tu as effleuré mon cœur, tu l'as touché pour toujours.

Ma vie en a été transformée.

Tu as chassé mes vieilles angoisses, mes angoisses amies, comme tu avais chassé les marchands du Temple ; je n'en éprouve qu'humilité, car c'est toi qui m'as sorti de leurs griffes.

Tu as fait renaître le petit enfant qui sommeillait en moi ; tu m'as réconcilié avec moi-même.

Tu m'as donné la Joie.

Tu as rénové mon cœur, tu lui as donné la capacité de mieux aimer les autres, de les comprendre, de m'émouvoir plus facilement de leur sort, de m'ouvrir et me confier à eux aussi.

Tu m'as donné un chemin à parcourir; tu m'as honoré en me disant : « suis-moi ».

J'éprouve pour toi des bouffées de gratitude qui m'étouffent; j'ai tant de gratitude que j'ai besoin de raconter tout cela chaque jour, à tous ceux qui veulent bien l'entendre.

Pardonne-moi si je me laisse distraire de toi sans cesse, par des pensées futiles, bêtes, mauvaises, sales, par d'inutiles plaisirs qui me rassurent, qui me freinent, m'entravent, me retardent, me tirent vers le bas.

Pardonne-moi s'il m'arrive encore d'avoir peur, de trembler si souvent, d'être épouvanté à l'idée de manquer, à l'idée de finir seul, à l'idée d'être critiqué, raillé, condamné, à l'idée de mourir, de souffrir... alors qu'avec toi je devrais aller tranquille, docile et confiant comme un tout-petit dans les bras de son père.

Pardonne-moi si parfois je me crois plus fort ou meilleur que d'autres, au prétexte que je te connais, en empruntant à ta puissance pour masquer ma pauvreté.

Pardonne-moi de faire si peu pour les autres, moi qui ai tant reçu.

Pardonne-moi d'être égoïste, lâche et vaniteux, alors que j'aimerais me croire généreux, courageux et humble.

Pardonne-moi mon orgueil, celui de vouloir être parfait, d'être celui qui écrase par sa gentillesse et par là domine toujours.

Pardonne-moi de ne pas savoir prier correctement.

Pardonne-moi mes innombrables manquements et mon ingratitude sans cesse renouvelée.

Pardonne-moi mon ignorance et ma paresse, et cette épuisante complaisance que j'ai pour moi-même.

Pardonne-moi de me révéler si misérable et décevant, alors que tu es venu me chercher, pour me sauver et me donner le goût de l'espérance.

Merci de m'avoir donné de te rencontrer.

Merci de m'avoir donné ceux que j'aime chaque jour, ma femme, mes enfants, ma famille, mes amis.

Merci de m'avoir donné chaque jour qui se lève.

Merci de m'avoir donné le désir de vivre.

Merci de m'avoir donné ce corps qui respire, ce cœur qui aime, ce cerveau qui réfléchit, cette âme qui a soif.

Merci de m'avoir donné la belle lumière du soleil, le merveilleux vent qui caresse ma peau et l'eau qui ruisselle humblement, le jour et le travail, la nuit et les rêves, la mer vivante, la campagne odorante et la montagne silencieuse, les parfums de la nature et l'industrieuse ville, la beauté des corps et de leurs gestes, la profondeur et la franchise des regards, la musique et les bruits, la laideur et l'appétit, la souffrance et la gaîté, le souvenir, le pardon et l'oubli.

Merci de m'avoir donné des dons que parfois je parviens à employer pour les autres. Merci de m'avoir donné les autres, qui ont les dons pour soulager les souffrances.

Merci de m'avoir donné ces frères et ces sœurs qui cheminent en même temps que moi.

Merci de m'avoir donné ta parole, qui parvient jusque dans l'intimité secrète des cœurs, pour les transformer à jamais.

Merci de m'avoir donné ton Église, si imparfaite soit-elle.

Merci.

Étincelles décisives

Vendredi 12 novembre 2010

Souvent, les gens qui ont lu mon livre ou entendu mon témoignage s'étonnent que ma conversion n'ait pas eu lieu à un moment précis, que je pourrais situer sans hésiter. Un instant et un lieu qui seraient la frontière d'un « avant-après » fondateur. Ils sont déconcertés que ce moment si important ait échappé à leur vigilance (ils m'ont lu soigneusement, ils m'ont écouté avec attention), comme si cette conversion avait quelque chose d'un tour de passe-passe, un truc de magie agaçant qu'on ne parvient pas à percer. Ils me posent la question, pour bien vérifier : « Vous ne situez pas votre conversion de façon précise ? »

Récemment, j'ai trouvé chez Jacques Fesch, dans *Lumière sur l'échafaud*, une expérience similaire. Il répond à sa façon à cette même question.

« Te dire la date exacte de ma conversion, je ne le puis. Elle s'est faite progressivement, avec, bien sûr, un passage de l'athéisme à la foi sincère plus marqué ; mais, lorsque je regarde en arrière, je ne peux repérer que des jalons sur la route. Je n'avais qu'indifférence, mais un jour je me suis aperçu que j'avais de nouveaux yeux, et un spectacle que je n'attendais guère s'est imposé à moi. Jadis, le vrai Dieu était pour moi une tradition sans importance et voici qu'Il est maintenant le seul qui compte. Il est au centre du monde (Il surplombe mon être). Il m'envahit tout entier et ma pensée ne peut plus éviter Sa rencontre. Une main puissante m'a retourné. Où est-elle, que m'a-t-elle fait ? Je ne sais, car son action n'est pas comme celle des hommes, elle est insaisissable et elle est efficace ; elle me contraint et je suis libre, elle transforme mon être et je n'ai pourtant pas cessé de devenir ce que je suis. »

Si je repense à mes « jalons sur la route » à moi, que j'appellerais plutôt des étincelles décisives, j'en trouve trois.

La première, c'est cette parole que le professeur de mon fils m'a dite, m'invitant à admettre ma faiblesse, qui a été le début de tout. J'y pense chaque dimanche, lorsqu'on dit : « dis seulement une parole et je serai guéri ».

La deuxième, c'est quand, observant ces bras cassés qui assistaient comme moi à la catéchèse, j'ai enfin compris que j'en étais un moi-même, de bras cassé.

La troisième, c'est le jour où, plus de six mois après

cette catéchèse, je l'ai racontée pour la première fois à quelqu'un : j'ai alors pris conscience qu'une action m'avait travaillé de l'intérieur, en silence, sans que je m'en aperçoive, pour prendre toute la place en moi. Depuis ce jour, je raconte mon histoire presque chaque jour.

Tout cela reste bien mystérieux, j'en conviens.

Ni partir ni nous taire

Samedi 20 novembre 2010

Je me méfie beaucoup de la politique.

À cause de mon livre et de ma toute petite place médiatique, il m'arrive assez souvent d'être sollicité pour rejoindre des « causes » politiques chrétiennes, plus ou moins claires. Chaque fois j'y réfléchis, puis j'y renonce. J'essaye de suivre mon instinct et mon instinct me dicte de témoigner de ma conversion, par tous les moyens qui me sont donnés, et non de proférer des messages politiques qui me dépassent bien souvent. En effet je ne suis pas un intellectuel et le maniement des concepts et des idées révèle en moi un être pataud et malhabile, qui finit toujours par se prendre les pieds dans le tapis. Et puis je ne suis pas très cultivé et j'ai peur de dire des bêtises.

Cependant, la lecture du livre d'Anne Soupa et Christine Pedotti, *Les pieds dans le bénitier*, me donne envie de suivre ces deux femmes, à l'origine du Comité de la jupe, puis de la Conférence des baptisé-e-s de France. J'adhère à leur analyse de l'Église d'aujourd'hui, et à ce qu'elles préconisent.

Tout d'abord car, comme moi, même si elles se montrent critiques, elles sont avant tout bienveillantes vis-à-vis de l'Église, comme le montre leur introduction : « Nous croyons de toute la force de notre cœur, de notre âme, de notre intelligence que la proposition chrétienne est juste, bonne, valable, crédible, aujourd'hui et dans ce monde. Nous avons donné notre foi au Christ, à Jésus le Christ, cet homme qui a vécu il y a deux mille ans et dont nous disons qu'il nous révèle Dieu. [...] Nous reconnaissons que c'est l'Église catholique qui a porté jusqu'à nous cette révélation de Dieu. »

Ensuite parce que je partage leur vision de notre mission de catholiques : « En effet, l'Église est pour le monde, pas pour elle-même. Et nous, les baptisés, avons le devoir de nous tourner vers le monde parce que nous sommes les bras, les jambes, les mains de l'Église, et nous sommes aussi son cerveau, son intelligence, sa sensibilité. Tout cela, nous ne le sommes pas par usurpation, parce que nous voudrions un "pouvoir" mais à cause de notre baptême, à cause du sacerdoce commun des baptisés qui fait de nous ces prêtres, ces prophètes et ces rois qui poursuivent la mission du Christ et qui ont la charge de rendre compte de leur espérance, de témoigner de la sollicitude de Dieu, de collaborer à l'œuvre de la Création, et de le louer pour tant de dons. »

Enfin parce qu'elles adoptent une bonne attitude : « Nous ne demandons rien, mais nous espérons tout », et qu'elles le disent : « À tous, nous disons que nous regardons l'avenir et que nous le préparons, sans quitter l'Église. Nous reconnaissons l'Église comme la maison de notre passé et de nos racines, et comme celle de notre avenir et de notre espérance ; notre maison de famille. Et c'est pourquoi nous l'aimons. À cause de cet amour, nous ne pouvons ni partir, ni nous taire. »

Alors, avec elles, je le dis aussi.

Sinon, comme le dit le Frère dominicain André Gouzes, voilà notre risque : « Si nous ne redevenons pas comme les premiers chrétiens, nous serons les derniers. »

Qui a envie d'être aimé ?

Samedi 27 novembre 2010

Après plusieurs mois d'hésitation et même un test auprès de spectateurs du film, où les uns se prononçaient en faveur du titre originel, *Catholique anonyme*, et les autres étaient contre, le titre retenu pour le film sera donc : *Qui a envie d'être aimé ?*

C'est la première phrase que prononce le prêtre (interprété par Philippe Duquesne) à la première catéchèse dans le film. Il se lève, contemple la modeste assistance, composée de six ou sept personnes, les regarde longuement et leur demande : « Qui a envie d'être aimé ? »

Les gens se regardent gênés et n'osent pas répondre. Certains rigolent même sous cape. Antoine, le héros du film (interprété par Éric Caravaca), un avocat venu ici un peu par hasard, très sceptique, semble atterré par cette entrée en matière.

Le prêtre les regarde, goguenard, et leur dit : « Alors,

vous n'êtes pas capables de répondre à une question aussi simple : qui parmi vous a envie d'être aimé ? »

En racontant l'origine de ce titre à un ami chrétien (beaucoup plus avancé que moi du reste), celui-ci me raconte soudain les relations conflictuelles qu'il entretient avec l'un de ses fils, un adolescent assez rebelle. Ce garçon lui a tout fait : fugues, fêtes désastreuses, rebellions en tout genre... Et soudain il me dit : « Dernièrement, je suis allé remercier mon fils de toutes ces souffrances qu'il m'a infligées. Je ne l'ai pas fait pour être un chrétien parfait, mais par sincérité. Car j'ai compris avec lui que, malgré tout, je n'avais jamais cessé de l'aimer un seul instant, ni d'avoir confiance en lui, même au moment où il m'énervait le plus. Il m'a fait ressentir combien le Père pouvait m'aimer, malgré tous mes manquements, mes erreurs, mes péchés répétés. Être le père de mon fils m'a fait comprendre l'amour de mon Père pour moi et ça c'est appréciable. »

Nous avons trinqué en nous disant que décidément, tout le monde avait envie d'être aimé.

Je pourrais être votre grand-mère

Vendredi 3 décembre 2010

Cette semaine, j'ai reçu par courrier le DVD d'un court métrage qui vient d'être produit et qui je crois passe dans certaines salles de cinéma. Il raconte une histoire vraie, une histoire qui m'a ému.

C'est celle d'un jeune avocat d'affaires, la trentaine, qui travaille dans un cabinet qui marche bien. Ce jeune homme adhère apparemment à l'envie de réussir, de s'enrichir, de briller, de conquérir. Il est un jeune homme en marche, pris dans une vie professionnelle valorisante.

En bas de chez lui, sur une bouche d'aération de métro, dans la nuit froide de l'hiver, il y a une vieille femme, une Rom qui mendie. Elle a une bonne tête bien ronde, de belles rides, et un bout de carton qui réclame un euro pour manger. Elle ne parle pas un mot de français. Elle est là tous les jours et toute la journée elle reste assise, à mendier.

Notre jeune avocat n'est pas un mauvais bougre; de

temps en temps, quand il rentre chez lui, il lui adresse un sourire, un petit salut discret. Il jette une pièce dans son écuelle. Alors elle le remercie gentiment d'un signe de tête.

Tout va bien.

Et puis une nuit, le jeune homme se réveille, tourmenté. Il se tourne et se retourne dans ses draps sans parvenir à trouver le sommeil. Ce n'est pas le dernier dossier important qu'il est en train de traiter avec les Anglais qui le préoccupe, ni ses primes de fin d'année. C'est la vieille qui le tourmente.

Voilà qu'il est pris d'une subite inspiration. Il descend dans sa cave et trouve un vieux carton de déménagement, qu'il découpe.

Le lendemain, il se présente au petit matin devant la petite mendiante. Malgré ses protestations, il lui enlève sa vieille pancarte en papier sali et l'oblige à installer celle qu'il lui a confectionnée pendant la nuit.

Dessus, il a simplement écrit : « Je pourrais être votre grand-mère. »

Le soir quand il rentre, la vieille le hèle, impatiente de lui communiquer par gestes sa grande reconnaissance ; elle lui montre tout l'argent qu'elle a gagné grâce à cette nouvelle pancarte.

Deux jours plus tard, notre avocat passe devant un jeune garçon, un Rom encore, qui mendie sur un banc.

Lui aussi affiche fièrement une pancarte sur laquelle est écrit : « Je pourrais être votre grand-mère »...

À partir de ce jour, la vie de notre jeune cadre dynamique se transforme peu à peu. Il devient l'ami des Roms, et leur écrit des pancartes inventives, drôles, malines... et surtout efficaces. « Offrez-moi un golden parachute », « all we need is love... et un euro »...

Chaque fois il fait mouche. Chez lui, c'est maintenant un amoncellement de cartons, un atelier de créateur en cartons de rue.

Son métier lui semble de plus en plus vain. Il quitte son cabinet d'avocats.

Il a trouvé une grand-mère, une famille, un sentiment de vivre enfin.

Cet avocat m'a écrit parce qu'il avait lu mon livre et qu'il l'avait aimé. Il me disait combien il était admiratif de ma foi, alors que lui n'était pas sûr d'en avoir une !

Je me suis senti bien petit à côté de son humilité et de son courage.

Et aussi honoré de connaître maintenant un tel homme.

Communion

Samedi 11 décembre 2010

Dans ma lente progression vers Dieu, le long de ce chemin tortueux fait de découvertes, de joies, de solitudes, de rencontres aussi, il est un mystère dont je ne parviens pas à m'approcher.

C'est celui de l'eucharistie.

Certes, je suis touché par cette phrase : « faites cela en mémoire de moi ». Et c'est pourquoi je communie. En mémoire de Jésus.

Mais la communion reste pour moi le moment le plus « froid » de la messe. Au moment de communier, je n'éprouve rien, moi qui ressens tant de choses.

L'autre jour, je suis allé au petit matin témoigner devant une centaine d'élèves de première. Il faisait froid et on m'avait dit qu'ils n'étaient pas motivés, qu'ils étaient là parce que c'était obligatoire et qu'il y avait une messe juste après mon intervention. Je me suis lancé tout de même, en me reposant sur leurs visages si jeunes, fripés par le sommeil, juste saisis par l'adolescence, en m'accrochant à leurs regards intenses, neutres, indifférents ou gentils.

Et la chaleur est venue.

J'ai décidé de les accompagner à leur messe obligatoire. Alors le prêtre qui m'avait invité m'a proposé de donner la communion. C'était la toute première fois de ma vie que je donnais la communion.

C'est quelque chose, de présenter l'hostie et de dire : « le corps du Christ » en plongeant son regard dans le regard d'un autre. Il y a là soudain une gravité, mêlée de grâce et d'émotion.

Pour la première fois j'ai compris que j'étais en communion.

Ce n'est pas rien.

Heureux celui...

Dimanche 19 décembre 2010

Jeudi dernier nous avons présenté en avant-première notre film, *Qui a envie d'être aimé?*, à une salle a priori conquise, composée de l'équipe et de très nombreuses personnes qui ont contribué financièrement à la réalisation de ce film.

Nous avons été émus de constater que les gens étaient touchés, questionnés par un tel film.

Hier soir, nouvelle projection, dans un cadre totalement différent, celui d'un festival du cinéma européen aux Arcs. Une salle de cinq cents personnes n'ayant jamais entendu parler du film, quelques exploitants de salles indépendants, quelques vedettes du show-biz peut-être invitées ici pour apporter du cachet à l'événement.

On nous avait demandé de monter sur scène pour présenter le film et soudain, pour une raison inconnue, je me suis imaginé que ce public nous était hostile. J'imaginais déjà les sarcasmes et le cynisme de certains devant la délicatesse du thème traité. Je me suis senti mal à l'aise et quand mon coproducteur a expliqué au micro que ce film racontait l'histoire d'un héros qui, à la quarantaine, fait une crise d'un genre un peu particulier, puisqu'il se met à entretenir une relation extraconjugale avec... Jésus, j'ai éprouvé un petit malaise, comme si j'avais honte. Honte comme un enfant qui a honte de ses parents qui viennent le chercher à l'école. Il les aime infiniment, il les admire, il n'en changerait pour rien au monde, mais là, tout d'un coup, il a peur de ce que vont dire d'eux les copains. J'ai eu honte de cette petite honte.

Le film a été applaudi (mais c'est l'usage, je crois) et après la projection plusieurs personnes sont venues féliciter ma femme pour la finesse de son film. Certains ont parlé de courage à l'idée d'avoir fait un film chrétien.

Le lendemain, à l'aube, tandis que nous redescendions dans la vallée dans un immense autocar surchauffé, je me suis mis à repenser à ce petit moment minable de la veille. J'étais un peu triste d'avoir connu cela alors que nous avons passé plus de deux ans à réaliser ce très beau film qui parle de la foi. Et moi, l'espace d'un instant, j'en avais manqué.

Tout le monde somnolait et j'ai décidé d'écouter mon iPod. La beauté des paysages enneigés était à couper le souffle, tandis que le jour se levait sur les sommets. J'ai programmé la musique au hasard, en me demandant bien ce qui allait venir.

Sur les près de quatre mille cinq cents morceaux qui sont en mémoire dans ce petit appareil, ce sont « Les Béatitudes », chantées par le chœur des moines et moniales du Bec-Hellouin qui ont résonné dans mes oreilles et dans mon cœur.

« Heureux les affligés, car ils seront consolés. »

Mieux que tout le monde...

Samedi 25 décembre 2010

Il y a celui qui offre un petit cadeau à sa secrétaire et qui, dans son for intérieur, se rengorge d'être plus « important » qu'elle.

Il y a celui qui pense à son frère avec affection, souvent, en souffrant sincèrement de ses malheurs, tout en se félicitant intérieurement de ne pas avoir mérité ces mêmes malheurs, comme si le malheur se méritait.

Il y a celui qui complimente son ami sur le charme et la beauté de ses enfants, mais qui trouve secrètement et sans conteste les siens plus beaux et plus intelligents.

Il y a celui qui pardonne à sa femme et en éprouve une bouffée d'amour, tout en se trouvant grand seigneur de pardonner.

Il y a celui qui est content de donner la paix du Christ à son voisin, sans pouvoir s'empêcher de se trouver mieux habillé que lui.

Il y a celui qui se réjouit de déjeuner avec son père et

d'écouter ses histoires, tout en se félicitant aussi de la certitude d'avoir des qualités inédites, qui ont passé les mailles du filet de la transmission.

Il y a celui qui console son ami divorcé avec une affection toute vraie, sans pouvoir s'empêcher de se sentir rassuré d'avoir toujours sa femme, lui.

Je suis tous ceux-là. Comme si chacun de mes élans les plus sincères, tous remplis d'amour, étaient pollués dès le départ par la pourriture de l'orgueil. Comme si chacun de mes meilleurs fruits portaient en eux un ver. Comme si j'étais incapable de ne pas me sentir mieux que tout le monde, alors que je n'y crois pas et que je n'en ai même pas envie.

Je suis horrifié de constater ma vanité, qui pousse comme de mauvaises herbes, à tous les étages de mon cœur.

Voilà le cadeau que je dépose devant toi, Jésus : le petit tas misérable de ma médiocrité.

Sérénité

Samedi 15 janvier 2011

Il y a des moments dans l'existence où la vie semble donner de grands coups d'accélérateur. C'est le cas pour moi depuis le début de l'année. Les affaires se bousculent, se précisent, des occasions se présentent, des moments de vérité qu'il ne faut pas rater. Les journées s'allongent, les week-ends se diluent dans cette activité revigorante.

Je devrais être stressé, anxieux.

Je m'active, je fourmille d'initiatives, je cours un peu partout en essayant de ne rien lâcher, ne rien oublier.

Mais je ne suis pas anxieux.

Le film, qui sort dans moins d'un mois maintenant (le 9 février), nécessite mille attentions : il faut convaincre sans relâche les exploitants, le distributeur, la presse, les relais d'opinion... car si le public n'est pas là, dès la première semaine, le marché se montrera comme toujours brutal et le film sera « sorti » du circuit très vite.

Cela fait plus de deux ans que nous travaillons sur ce

projet et maintenant tout va se jouer en une semaine ! Tous ceux qui ont fait un film connaissent cette angoisse.

Moi je suis tranquille. Je ne sais pas si ce film rencontrera son public, si tout ce travail portera son fruit. Et pourtant je m'active, nuit et jour j'y pense, j'y travaille...

Je suis serein parce que je sens la main de Jésus posée sur mon épaule. Je me rappelle de ce que m'avait dit mon ami Éloi, le prêtre : un jour Jésus lui avait pris la main et depuis il ne l'avait plus jamais lâchée. Éloi avait accompagné sa démonstration d'un geste qui m'est resté : il s'était lui-même serré très fort les mains, faisant blanchir les jointures de ses articulations.

Hier j'ai déjeuné avec un homme de foi, de bon sens et de sagesse. Il me suggérait de prier pour que ce film fasse son chemin. Je lui ai répondu : « À quoi bon ? Si Dieu veut que ce film marche, il marchera. » Alors il m'a regardé et m'a suggéré un point de vue inédit : « Et si Dieu avait fait que ce film existe, uniquement pour continuer à te convertir ? Et si tout le reste (nombre de salles, critiques, succès commercial...) n'était que d'insignifiants détails ? »

Qui sait ?

Que le Seigneur soit avec vous.

Pourquoi moi, pourquoi pas toi ?

Samedi 29 janvier 2011

Nous venons de commencer une tournée d'avant-premières de notre film, *Qui a envie d'être aimé ?* Avant-hier à Lille, hier à Bron, demain à Bordeaux, Lyon, Paris...

Le dispositif est toujours le même : dès que le film est terminé, nous nous avançons vers l'immense écran blanc, vaguement intimidés, un micro à la main, prêts à répondre aux questions d'un public non moins intimidé.

Peu à peu les questions naissent, se bousculent. Le dialogue s'installe. C'est toujours un moment privilégié, celui de l'échange. On est surpris de retrouver toujours les mêmes questions et aussi toujours des questions inattendues.

Ce que les spectateurs du film ont parfois du mal à comprendre, ou plutôt à accepter, c'est que le héros du film, qui fait la rencontre de Dieu dans une petite catéchèse de quartier, est le seul membre du petit groupe à ne pas l'avoir voulu, alors que tous les autres étaient venus par envie, un désir de trouver la foi chevillé au corps.

Et c'est celui qui n'a rien cherché qui trouve. C'est parfaitement injuste.

Au sortir de ma conversion, je me posais cette même question : pourquoi moi ? Pourquoi Dieu m'a-t-il fait un tel cadeau, à moi qui non seulement ne le méritais pas, mais de plus ne l'avais pas demandé ?

Ne trouvant pas de réponse satisfaisante, j'ai laissé tomber cette question, la jugeant trop orgueilleuse : après tout, si Dieu m'a touché, c'est son affaire. Il doit savoir pourquoi, Lui.

Récemment, je suis tombé sur deux textes magnifiques qui parlent justement de cette divine injustice.

Voici ce que nous dit sainte Thérèse de l'Enfant-Jésus :

« Jésus [...] n'appelle pas ceux qui en sont dignes, mais ceux qu'il lui plaît [...]

Longtemps je me suis demandé pourquoi le bon Dieu avait des préférences, pourquoi toutes les âmes ne recevaient pas un égal degré de grâces, je m'étonnais en le voyant prodiguer des faveurs extraordinaires aux saints qui l'avaient offensé, comme saint Paul, saint Augustin, et qu'il forçait pour ainsi dire à recevoir ses grâces, ou bien en lisant la vie des saints que Notre Seigneur s'est plu à caresser du berceau à la tombe, sans laisser sur leur passage aucun obstacle qui les empêchât de s'élever vers lui... Jésus a daigné m'instruire de ce mystère. Il a mis devant mes yeux le livre de la nature et j'ai compris que toutes ces fleurs qu'il a créées sont belles... Il a voulu créer les grands saints qui peuvent être comparés aux lys et aux roses; mais il en a créé aussi de plus petits et ceux-ci doivent se contenter d'être des pâquerettes ou des violettes destinées à réjouir les regards du bon Dieu lorsqu'il les abaisse à ses pieds. La perfection consiste à faire sa volonté, à être ce qu'il veut que nous soyons. »

Voilà une explication. J'en ai trouvé une autre dans le magnifique recueil de Madeleine Delbrêl, *La sainteté des gens ordinaires*, texte bouleversant par les vérités toutes simples qu'il contient. En voici un extrait :

« Il y a des gens que Dieu prend et met à part.

Il y en a d'autres qu'il laisse dans la masse et qu'il ne “retire pas du monde”. Ce sont des gens qui font un travail ordinaire, qui ont un foyer ordinaire ou sont des célibataires ordinaires. Des gens qui ont des maladies ordinaires, des deuils ordinaires. Des gens qui ont une maison ordinaire, des vêtements ordinaires, ce sont les gens de la vie ordinaire. Les gens qu'on rencontre dans n'importe quelle rue.

Ils aiment leur porte qui s'ouvre sur la rue, comme leurs frères invisibles au monde aiment la porte qui s'est refermée définitivement sur eux.

Nous autres gens de la rue croyons de toutes nos forces, que cette rue, que ce monde où Dieu nous a mis est pour nous le lieu de notre sainteté.

Nous croyons que rien de nécessaire ne nous manque, car si ce nécessaire nous manquait, Dieu nous l'aurait déjà donné. »

Mieux vivre

Samedi 5 février 2011

Longtemps j'ai pensé qu'avoir la foi « servait » à mieux mourir.

De ma place de petit garçon, entraîné à la messe les dimanches comme à un rendez-vous rituel, que je trouvais incompréhensible et ennuyeux, j'essayais sans y parvenir d'imaginer ce qu'était la foi, ce moteur mystérieux qui conduisait mes parents à nous emmener à cette célébration dominicale.

En regardant mes parents, que je prenais pour des vieillards (ils avaient l'âge que j'ai aujourd'hui), ou en écoutant au catéchisme l'histoire intimidante de la vie des saints, je faisais des suppositions.

Et j'en étais arrivé à penser que la foi était le fruit d'un long et pénible travail de l'esprit, fruit de recherches, de lectures, de pénitences diverses et variées, de souffrances vécues. Pour avoir la foi, il fallait être sage, et avoir beaucoup réfléchi.

Par conséquent, la foi était une affaire de vieux. D'ailleurs, si j'avais bien compris, la foi servait à s'offrir une place dans la vie éternelle, une sorte d'assurance-vie pour l'au-delà. Il y avait donc une opposition bien réelle entre la vie d'ici-bas, dont il fallait profiter au maximum, et la vie après la mort, pour laquelle il fallait se mettre à travailler par-dessus le marché afin de s'acheter une bonne petite foi permettant d'y naviguer sans encombre.

Vu sous cet angle, j'avais le temps, n'étant pas pressé de mourir. La phrase de Woody Allen ne m'incitait pas non plus à l'urgence : « L'éternité, c'est long. Surtout vers la fin. »

Lors de ma conversion, j'ai découvert qu'une fois de plus, je n'avais rien compris.

La foi vous tombait dessus, comme on tombe amoureux. Elle était donnée, comme ça, gratuitement, injustement, généreusement, sans examen ni concours, et à tous.

Et surtout, elle rendait heureux. Tout de suite.

Les gens qui ont vu le film *Qui a envie d'être aimé ?* en avant-première et qui se faisaient la même idée de la foi que moi avant ma conversion comprennent cela : le héros du film n'arrive pas à bien aimer son fils adolescent. Et grâce à la rencontre qu'il fait avec Jésus, il parvient enfin à dénouer les blocages de sa relation avec son fils. Or, c'est aujourd'hui que ce garçon a besoin de son père, pas demain.

Je ne dis pas que seuls ceux qui ont la foi peuvent être de bons parents, ce serait faux et idiot de penser cela.

Je dis que la foi permet de mieux vivre.

Missionnaires

Samedi 19 février 2011

Ça y est, le film est sorti, on peut lire chaque semaine, chaque jour, à chaque séance, combien sont venus le voir. On se compare aux autres films de la semaine, on se rassure avec des statistiques. On nous appelle, pour nous donner des chiffres de telle salle, ou de telle autre... Certains viennent aux nouvelles, d'autres commentent. Les uns sont inquiets, les autres sont soulagés.

Peu à peu je me perds dans ce tourbillon de résultats, le film se détache de moi, deux ans de travail intense, d'espoirs et de désespoirs, d'inquiétudes et de joies qui ne m'appartiennent plus. Je suis un peu perdu, un peu déçu aussi des premiers résultats.

Alors je me rappelle des belles choses qui ont accompagné cette aventure et je me remplis de gratitude. Ma femme qui me demande si elle peut adapter mon livre; ce sera une aventure vécue main dans la main. Les premières personnes qui nous ont apporté leur soutien. Les premiers succès de financement, laissant entrevoir que ça allait peut-être se faire. La magie personnelle de chaque acteur, des premières scènes tournées. L'arrivée du montage et de la musique du film, merveilleuse musique. Tous ces gens qui travaillent autour de cette œuvre, chacun apportant son talent, son ardeur au travail. Il n'y a rien de plus émouvant que de voir les hommes et les femmes travailler de concert.

Puis les projections devant le public, nos premiers publics. Les débats, les discussions à n'en plus finir...

Je m'attarde sur une question qui m'est revenue sans cesse, chez les spectateurs et les journalistes : pourquoi, après ma conversion, avoir écrit un livre et produit un film ? Ne devais-je pas plutôt me taire, méditer, garder ça pour moi et cheminer humblement, plutôt que de prendre le chemin des lumières médiatiques ? J'ai toujours répondu la même chose : ma conversion s'est faite en témoignant, d'abord à un ami, puis à mes proches, enfin à tout le monde. C'est ainsi que je vis ma relation à Jésus, c'est ainsi qu'il se montre à moi, c'est ainsi que je me reconvertis sans cesse, que je chemine derrière lui. Tout cela est venu naturellement.

Et puis je trouve une autre réponse chez Madeleine Delbrêl (encore !), quand elle parle des « Appels missionnaires » :

« Toujours le Seigneur dira aux uns :

“À cause de moi et pour mon amour tu auras une

femme, des enfants, une maison, des biens à gérer de ma part dans le monde."

Toujours le Seigneur dira aux uns :

"Je sais ce qui te convient, je te donnerai chaque jour ta peine et ton pain quotidiens, afin que partout où tu seras posé, il y ait aussi ma croix."

Les premiers [...] sont des gens comme vous et moi, des gens enfoncés aussi loin que possible dans l'épaisseur du monde, séparés de ce monde par aucune règle, aucun vœu, aucun habit, aucun couvent, pareils à des gens de partout mais à des gens pauvres, pareils à des gens de n'importe quel milieu, mais purs;

pareils à des gens de n'importe quel pays, mais obéissants.

Ils sont faits pour tout et pour tous : vous en trouverez qui font école, d'autres qui écrivent des lois, certains soignent et consolent, d'autres travaillent en usine.

[...] Le missionnaire est
quelqu'un qui prie
quelqu'un qui témoigne
quelqu'un qui aime. »

Voilà pour la réponse à cette question. Elle ne répond pas tout à fait à ma déception, ma déception tout orgueilleuse devant les chiffres des entrées en salles. Cette semaine je découvre alors le commentaire de l'Évangile de saint Augustin (Sermon 96,9), qui semble prolonger le texte de Madeleine Delbrêl :

« Qu'ils suivent le Christ, ces membres qui ont ici leur place, chacun selon sa catégorie, chacun selon son rang, chacun à sa manière. Qu'ils renoncent à eux-mêmes, c'est-à-dire qu'ils ne s'appuient pas sur eux-mêmes; qu'ils portent leur croix, c'est-à-dire qu'ils supportent dans le monde, pour le Christ, tout ce que le monde leur infligera. Qu'ils l'aiment, lui, le seul qui ne déçoit pas, le seul qui n'est pas trompé, le seul qui ne trompe pas. Qu'ils l'aiment parce que ce qu'il promet est vrai. Mais parce qu'il ne le donne pas maintenant, la foi chancelle; continue, persévère, supporte, accepte ce retard, et tu as porté ta croix. »

Je repense à ma fébrilité devant les chiffres, à ma petite déception, amère déception, et je rougis de ma vanité, j'en souris et je m'en moque.

Que le Seigneur soit avec vous.

Je te remets ma journée

Samedi 26 février 2011

Je crois que je ne sais toujours pas prier.

C'est une question complexe, ou plutôt qui me complexe : je ne sais pas prier comme j'imagine ceux qui « savent » prier... prient. Mais finalement que sais-je de la prière des autres ?

En regardant les gens prier à la messe, avec leur air sérieux, grave ou inspiré (alors qu'au même moment je suis distrait par un détail vestimentaire de mon voisin, un gros nez à ma droite, ou par le fait de savoir ce qu'on va manger au déjeuner, d'ailleurs les gargouillis de mon ventre semblent faire un fracas indescriptible...), j'en suis arrivé à la conclusion que la prière demandait de l'entraînement, un effort, un travail, et un savoir-faire que je n'ai pas. J'ai essayé de me renseigner, de trouver le mode d'emploi, mais personne ne sait où il se trouve, comme si cette expertise était jalousement gardée par ceux qui la détiennent...

Je me suis forcé à prier, hardiment, dans toutes les positions répertoriées : je n'arrive à rien. Mes pensées vagabondent comme des garnements excités, puis s'envolent. Les mots que je trouve sont plats et tombent comme des cailloux à mes pieds.

Depuis peu, je commence à deviner que la prière est un don, pas une demande, ni un travail ou une technique. Un don de soi, un petit abandon. Dans ce cas je prie ! En traversant une rue, en me retournant dans mes draps, en souriant à quelqu'un... il m'arrive, au dépourvu, d'éprouver pour Jésus une bouffée de tendresse. Voici peut-être ma prière qui s'exhale en moi.

Je ne sais plus qui a dit : « vivre sa prière et prier sa vie ». Je devine confusément une vérité dans cette phrase.

Cela ne règle pas mon complexe face à ceux qui prient à heures fixes, presque sur commande, et semblent s'abîmer dans la profondeur de leur prière. Je suis un mioche impatient, un moucheron au vol désordonné, comparé à leur puissance de concentration. J'ai passé l'âge de me comparer, je sais, mais c'est plus fort que moi...

Depuis peu, j'essaye de m'adresser au moins une fois par jour au Seigneur. Chaque matin, à la même heure.

Je commence par reconnaître ma grande petitesse, ma si minuscule, ridicule capacité à aimer, la désespérante sécheresse de mon cœur face à l'immensité de mon orgueil inoxydable...

Puis je me tais, dans le silence de mes pensées. Le plus longtemps possible, c'est-à-dire un moment très bref.

Et pour l'instant, pour terminer, je ne parviens qu'à Lui dire : « je te remets ma journée, elle est à toi », comme font les alcooliques anonymes, qui sortent de leur longue maladie en promettant d'être sobres une journée. Ils ont l'humilité de reconnaître qu'ils ne peuvent pas garantir plus : une journée sans boire. C'est déjà beaucoup, c'est déjà un exploit, c'est déjà une prière. Et en renouvelant cette promesse jour après jour, ils guérissent.

Hier une femme m'a écrit et m'a donné sa prière personnelle : « Jésus, je mets toute ma confiance en Toi. Car je crains tout de ma faiblesse. Mais j'espère tout de ta bonté. »

Je la remercie ici de ce cadeau si intime, qui me touche et me rassure, et rejoint ce que je ressens.

Merveilleux prêtres

Samedi 12 mars 2011

Mercredi des Cendres. Petite célébration dans ma paroisse, au petit matin. Nous sommes une douzaine à tout casser. Nous recevons les cendres sur nos fronts. Il y a des vieilles dames, quelques enfants qui vont suivre le catéchisme après. Nous sommes trois hommes. Et le curé. Nous voilà en famille.

Au moment de l'eucharistie, comme nous sommes peu nombreux, le prêtre nous invite à le rejoindre tout près de lui, autour de l'autel. Nous disons le Notre Père, presque main dans la main. C'est un moment émouvant ; il me fait penser à ce que devaient être les célébrations des premiers chrétiens, ces frères qui nous sont proches. En regardant le bon sourire du prêtre, de mon prêtre, j'ai pour lui un élan de reconnaissance. Il est vieux et voilà que je tremble à l'idée qu'il nous quitte, nous laissant orphelins.

Hasard de la vie, cette semaine j'ai fait la rencontre de

trois prêtres, dans trois villes où j'étais venu présenter notre film, et débattre avec les spectateurs. Trois prêtres très différents par leurs parcours, leurs personnalités, leurs désirs. Trois prêtres engagés, sur le terrain. Chacun d'entre eux m'a raconté la pression qui pèse sur eux, entre les paroissiens qui se reposent sur leur autorité, les chrétiens déchristianisés qui viennent chercher réconfort et sacrements dans les grandes circonstances de leur vie, et les autres qui parfois les regardent de travers. Et puis surtout cette grande difficulté à évangéliser en France. Ces prêtres ont pour la plupart beaucoup voyagé et ils font le même constat : ici le terrain est lourd, pesant. Il faut déplacer des montagnes d'énergie pour peu de fruits.

Je rends hommage aux prêtres, aux merveilleux prêtres, qui n'ont pas la vie facile et pour qui on a souvent la dent dure, à commencer par moi.

Inépuisables rencontres

Samedi 26 mars 2011

Je n'avais pas fait attention à mon emploi du temps de la semaine dernière et j'ai constaté lundi matin que j'allais suivre un vrai marathon de témoignages et débats.

Lundi après-midi, sans trop savoir ce que je devais y faire, je me suis retrouvé au très beau séminaire d'Hyères. Un prêtre me demandait de me dépêcher, nous allions être en retard... Une porte s'est ouverte, on m'a tendu un micro et je me suis retrouvé, tout seul, à témoigner de ma toute jeune expérience spirituelle devant... près de cent cinquante prêtres ! J'étais impressionné devant cette messe à l'envers : un chrétien en civil devant une salle entière de cols romains, de chasubles et de soutanes. Je leur ai dit que j'allais leur raconter le point de vue d'un de leurs clients... Les hommes d'Église ont besoin de rigoler un peu, eux aussi. Eux surtout, peut-être.

Puis on m'a emmené dans une autre salle, où patientaient une cinquantaine de séminaristes. Devant ces jeunes têtes ébouriffées, ces visages imprimés à la fraîcheur de la jeunesse, j'ai senti une émotion, un élan de sympathie et de tendresse. Je n'avais jamais vu de séminaristes et je me suis régénéré à leur contact. Ils m'ont invité à célébrer les vêpres en leur compagnie, puis nous avons dîné ensemble. J'ai posé toutes les questions possibles. Plus tard dans la soirée, j'ai bu un verre avec trois prêtres dans leur presbytère. Là encore, un moment privilégié d'humanité.

Mardi, interview pour un site Internet, qui devait durer dix minutes et qui a fini à vingt et une heures, après deux heures d'émotion partagée avec la petite équipe familiale venue me filmer dans mon bureau.

Mercredi, je me perds dans la grande banlieue est de Paris, sans savoir chez qui je vais. Une université, m'a-t-on dit. Vais-je devoir parler dans un amphithéâtre impressionnant ? Non, il s'agit d'un petit foyer d'étudiants ; ils sont une vingtaine, assis en arc de cercle autour de moi, sous la houlette d'une dame qui me fait penser à ma mère, tant elle semble efficace et gentille. C'est plus intimidant qu'un amphithéâtre impersonnel : ici les visages me regardent, les yeux m'interrogent. C'est un moment intime, chaleureux, bienveillant. Je repars dans la nuit, sur le périphérique désert, en emportant dans mon cœur ces regards échangés, ces mains serrées, ces échanges bienveillants.

Jeudi je me rappelle que je dois être à France 2 à

treize heures, pour témoigner dans l'émission de Sophie Davant. Me voilà installé dans le décor, avant que ça commence, devant un public qui attend lui aussi. Malgré mon habitude des plateaux, je ressens soudain comme une peur et une tristesse d'être là. Avec moi dans cette aventure, un pasteur volubile et inspiré, une mère de famille qui a trouvé la foi en perdant sa fille et un jeune musulman touché par la grâce. Je me sens comme un imposteur parmi ces gens si denses. Je suis un enfant gâté. Sophie Davant nous prend en main.

Vendredi, me voilà au parvis des Gentils, d'abord sur une estrade, présenté à la foule. Je suis intimidé mais je sais que je ne suis pas près de revoir Notre-Dame du haut d'un tel promontoire, alors je profite, je me remplis les yeux de cette image magnifique, de cette foule, de toute cette beauté.... Puis nous voilà sous une tente, devant une centaine de personnes, à discuter du sujet de l'amour et de l'Église. Une fois encore, je me sens comme un imposteur : qui suis-je pour discourir ? Heureusement, je suis à côté d'illustres intervenants, qui ont des choses passionnantes à dire, eux. Entre autres, un petit prêtre débordant de vie et d'énergie, qui conseille les couples depuis plus de cinquante ans, une auteure non croyante qui a raconté ses aventures sexuelles, un vieil historien plein de charme qui nous raconte comment les hommes ont de tout temps pensé que les préceptes de l'Église sur la sexualité étaient insupportables et combien les cathos ont toujours eu une image de ringards, un responsable d'association qui recueille des enfants blessés par la vie. La soirée est animée avec brio et humour par Frigide Barjot, qui réussira à nous émouvoir en nous racontant combien elle ne s'est pas sentie aimée par son père et combien cette blessure profonde a été réparée par le regard, pur et paternel, de Jean-Paul II dans sa vie. Les spectateurs, un peu intimidés au début, ont fini par s'exprimer, nous livrant leur vécu, leurs indignations, leurs questionnements. Je les écoutais, je les regardais avidement, me remplissant de cette bénédiction qui consiste à s'écouter sérieusement les uns les autres.

Rentré chez moi, j'ai remercié le Seigneur de tous ces cadeaux qu'il m'avait faits et me suis endormi comme un enfant.

Un homme, tout simplement un homme

Samedi 2 avril 2011

Voilà que je me retrouve l'invité d'un groupe de prière.

J'ai la place d'honneur, de celui qui va témoigner, assis sur une chaise dans une salle de réunion. Je n'ai pas le trac, il me semble que j'ai l'habitude. Je sais ce que je vais dire. Tandis que les derniers s'assoient en arc de cercle autour de moi, je les regarde. Des hommes et des femmes de mon âge, de mon monde. Ils ont un air énergique et fatigué tout à la fois. Nous sommes en semaine, c'est la fin de la journée, chacun a laissé de côté ses soucis professionnels et sa vie de famille pour consacrer une soirée à parler de Dieu.

Avant que je ne parle, celui qui nous a invités propose qu'au préalable chacun se présente rapidement. Cela me rappelle vaguement les séminaires en entreprise, ces jours passés dans une fausse bonne humeur à essayer de retrouver les êtres humains qui se cachent derrière les machines à travailler que nous sommes. Je souris intérieurement, en essayant de deviner la profession de mes auditeurs en fonction de leur physique. « Tiens, lui, il a bien une tête de contrôleur de gestion, elle, ça doit être une tueuse de la finance, et l'autre là-bas, avec son air pataud, il doit être DRH... »

Je me trompe. Personne ne perd trop de temps avec le résumé de son CV. Ils se présentent tout naturellement en fonction de leur conversion. Je reçois en pleine figure leurs brefs récits, intenses, comme autant de coups de poing. Je venais une fois encore pérorer, briller, étaler ma petite science personnelle, et voilà que j'ai trouvé plus forts que moi. Ils sont tous bienveillants et courageux, et cependant j'ai l'impression d'être tombé dans un piège, va savoir pourquoi. Ils m'impressionnent, tandis qu'ils livrent avec humilité leur histoire. L'un parle de sa soif de Dieu, qu'il ne parvient jamais à étancher, l'autre de sa foi et de son cancer ; il y a celui qui a compris qu'il était un bras cassé, malgré sa position sociale, et celui qui ne sait plus s'il a la foi. Ils parlent simplement, mais avec une extraordinaire densité. Je sens monter en moi un sentiment diffus, où se mêlent de la peur, un vieux complexe d'infériorité qui se réveille comme une courbature endolorie, une envie de fuir et un désir de rester. Je pense à ces vers de Rimbaud, dans « Les chercheuses de poux » :

Voilà que monte en lui le vin de la Paresse,
Soupir d'harmonica qui pourrait délirer ;

L'enfant se sent, selon la lenteur des caresses,
Sourdre et mourir sans cesse un désir de pleurer.

Je suis cet enfant, au moment de prendre la parole. J'invoque silencieusement l'Esprit saint, pour qu'il guide mes paroles. Prenant mon courage à deux mains, je témoigne à mon tour, longuement. Les paroles effacent peu à peu mes tourments, comme une pluie d'été rafraîchissante. Quand je parle de Jésus, je sens sa main se poser sur moi.

À la fin de la soirée, ces hommes et ces femmes sont mes frères et mes sœurs.

Et ma dernière réponse sera de leur dire qu'avant ma rencontre avec Jésus, je ne me considérais pas comme un homme, un homme accompli. Je ne supportais pas qu'on dise de moi que j'étais un homme, car je me voyais à tout casser comme « un type ». Un homme, c'était Lino Ventura par exemple, une montagne de douceur et de force, tandis que moi je n'avais que la carcasse extérieure, un grand corps massif : à l'intérieur s'y terrait un pitoyable bonhomme, tremblant de peur.

Depuis que Jésus a posé son regard doux sur moi, depuis qu'il m'a montré ma faiblesse, il a fait de moi un homme, tout simplement un homme. En disant cela, j'étouffe un sanglot.

Ils ont faim, ils ont soif

Samedi 16 avril 2011

L'autre soir, je roule par les petites routes de Bretagne pour aller à la rencontre d'une association qui veut parler de notre film, *Qui a envie d'être aimé?*

Comme chaque fois, je ne sais pas vers qui je vais. Je suis seul en voiture, cherchant mon chemin, avec deux heures devant moi pour réfléchir. J'écoute la radio pour me distraire. J'invoque l'Esprit saint, pour qu'il me permette de bien parler à ces gens qui m'attendent.

J'arrive dans un lycée, à la nuit tombée. Un réfectoire, près de deux cents personnes qui dînent. On m'a réservé une place. Il y a un jeune prêtre intelligent et enthousiaste et un homme plus âgé, que je connais vaguement. Il est du parcours Alpha, et se dit « passionné d'évangélisation ».

Vient enfin le temps du débat. Les gens s'avancent, prennent le micro et posent leurs questions. Je suis frappé par la profondeur de chacune d'entre elles.

J'essaye de répondre au mieux, mettant toujours en avant mon expérience personnelle, sorte de bouclier contre toutes les bêtises que je pourrais dire en essayant de faire des généralités ; j'ai remarqué que chaque fois où j'essaye d'élaborer une théorie à partir de mon vécu, je finis invariablement par dire une connerie.

Puis une question est posée à l'évangéliste. Le petit homme râblé et plein d'énergie se lève à son tour pour dire que chez Alpha, on accueille tout le monde, qu'on pose toutes les questions, sans donner de réponses toutes faites, sans donner de leçons. L'homme parle, s'enflamme et captive l'assistance. J'admire sa fougue, sa verve, sa conviction. Il parle du sentiment d'être aimé quand on a enfin fait une rencontre personnelle avec Jésus. Il dit vrai.

Tandis qu'il parle, je me prends à rêver, à soupeser la lourdeur et la densité de l'amour que j'ai pour Jésus. Puis je regarde cette assistance assez impressionnante, qui écoute avec intérêt. Chacun d'eux est comme un enfant qui a soif, qui a faim.

Nous sommes capables de l'aimer

Vendredi 22 avril 2011

D'immense et de tout petit, d'insignifiance et de divin, voilà de quoi nous sommes faits, me semble-t-il.

Vue de l'espace intersidéral, la Terre est un grain de sable, couvert de moisissures dans lesquelles grouillent des vies qui sont les nôtres. Ces unités de vie apparaissent et disparaissent sans que personne ne s'en émeuve ni ne s'en souvienne. Nous vivons, le temps de quelques battements de cœur, avant de nous éteindre. Et pourtant nous sommes aimés individuellement par Dieu. Et chacun des cheveux de notre tête sera compté...

Mon existence me paraît souvent insignifiante, dans le grand tourment de la vie qui grouille ici-bas. Je travaille, je pousse mes pions, je forme des projets qui me semblent tantôt importants... et tantôt minuscules face aux constructions mondiales que les hommes portent en avant inexorablement. Je suis une fourmi, dans mon entreprise de fourmi.

Cependant, mardi dernier, dans un voyage éclair à Rome, j'ai réussi à voler une heure à l'emploi du temps ultra-chargé qui avait justifié ce voyage, pour aller me promener au petit matin vers la basilique Saint-Pierre. Là encore, devant la majesté et la grandeur des lieux, au milieu de cette foule de pèlerins, de touristes et de nonnes, je me sentais petit et anonyme.

Je suis allé admirer la *Pietà* de Michel-Ange.

Et là j'ai éprouvé une profonde émotion. Non pas une émotion intellectuelle devant la beauté artistique du chef-d'œuvre, mais une émotion humaine. J'ai senti, devant cette mère tenant dans ses bras le corps lourd de son fils mort, que je pouvais les aimer, et mieux encore, qu'ils avaient besoin de mon amour, de mon petit amour de fourmi.

Comme dit Romano Guardini, « le chrétien doit bien être humble, mais non pas modeste dans ses visées spirituelles ».

Bonnes Pâques à tous.

Ces paroles qui agissent

Samedi 7 mai 2011

Cela doit faire à peu près quatre ans que je retourne à la messe.

Quand je vais témoigner, les gens me demandent souvent si je m'ennuie à la messe, comme je m'y suis ennuyé toute mon enfance. Cela m'arrive parfois, quand mon esprit vagabonde et cueille des pensées insolites ou des souvenirs maussades pour passer le temps. Cela m'arrive quand je n'écoute pas. Ou quand le prêtre est sec, ennuyeux, qu'il semble lui-même fatigué de son propre discours.

Depuis peu, j'ai trouvé une petite église toute laide dans laquelle officie un prêtre merveilleux, qu'il me tarde de retrouver chaque dimanche.

Dimanche dernier, j'ai compris quelque chose qui me semble extraordinaire, révolutionnaire même (sans doute parce que je viens de le comprendre; pour ceux qui savent déjà, retournez à vos occupations, ne perdez pas de temps ici).

J'ai toujours fait naturellement une distinction à la messe entre les paroles rituelles, toujours répétées, sorte de papier peint de la célébration, et les paroles nouvelles, les inédites, le caviar qu'on attend : les lectures, l'évangile, l'homélie. C'est sur ces dernières que se portent habituellement mon attention, mon effort de concentration. Les autres paroles me semblent faire partie d'une sorte d'obligation protocolaire, une partition archaïque qui nous fait savoir à quel stade de la célébration nous sommes...

Dimanche dernier, pour une fois j'ai écouté une des phrases rituelles que prononçait le prêtre.

« Que l'Esprit saint soit avec vous. »

Et j'ai compris que ces paroles n'étaient pas des paroles pour nous faire réfléchir, mais bien des paroles qui agissent. On ne les prononce pas en l'air. Ces mots sont du plomb en fusion. C'est Dieu qui travaille en nous, comme quand Jésus a dit : « Lève-toi et marche. »

Cette découverte m'a ouvert les yeux sur mon baptême. En voyant des adultes choisir le baptême, je me disais que leur baptême était plus... valable que le mien, reçu quand j'étais nouveau-né, car ils l'avaient choisi, eux. Leur volonté d'hommes et de femmes adultes me semblait une garantie de valeur. Que pouvait bien valoir mon propre baptême, reçu sans même en comprendre une miette ?

Bien qu'ayant fait une rencontre personnelle avec

Jésus, je me plaçais encore dans une perspective où c'était ma volonté qui régissait ma vie. Mais les paroles prononcées lors de mon baptême étaient de l'ordre de Sa volonté.

Ce ne sont pas des paroles qui parlent, des paroles qui caressent. Ce sont des paroles qui agissent, selon Sa volonté. Pas la mienne.

Le pain de vie

Samedi 14 mai 2011

Cette semaine, les évangiles tournent souvent autour de cette question bien mystérieuse pour moi, celle du pain de la vie.

Je suis intéressé par cette question car, je l'ai déjà dit, le mystère de l'eucharistie me paraît bien gardé. Je communie en mémoire de Jésus, pour être, en communauté, à sa table, mais je ne comprends pas ce que cela signifie en vérité. Je sais qu'il est inutile de le discerner avec ma raison ; j'essaye en vain de m'ouvrir le cœur à ce mystère... Rien n'y fait. Chaque dimanche je fais la queue, j'attends mon tour, je communie, en ayant l'impression d'être passé à côté de quelque chose. Cela ne me tourmente pas, je sais que je dois être patient. Confiant. Que cela me dépasse.

Et puis, comme une ironie du sort, voici venir à nous cette série d'évangiles qui tournent autour de cette question du pain de la vie.

Comme si Jésus, souriant, nous guidait vers un chemin de plus en plus incompréhensible.

« Je suis le pain de la vie, celui qui vient à moi n'aura jamais faim, et celui qui croit en moi n'aura jamais soif », dit Jésus. Cela, je le comprends, car je le vis : depuis que j'ai laissé entrer Jésus dans ma vie, je suis rassasié, comblé. J'entends ce « pain de la vie » qui me nourrit le cœur. Les juifs qui sont là se mettent à murmurer, ils disent : « N'est-ce pas Jésus, le fils de Joseph, dont nous connaissons le père et la mère ? » Pauvres naïfs ! Je suis « mieux » qu'eux, moi j'ai compris ! Quelle satisfaction... Bien sûr, j'ai deux mille ans d'Église qui m'ont donné une petite avance sur ces gens. Mais à quoi bon bouder mon petit plaisir ?

Surtout que la situation va se corser et que je vais moins faire le fier.

Jésus donne un tour nouveau et, comme le dit Guardini, « cette fois, inouï » : « Le pain que je donnerai, c'est ma chair, pour le salut du monde. » Là, mon œil se fige, mon oreille est aux aguets, car nous venons d'entrer dans la dimension qui m'échappe. Je sens que je navigue à vue, dans le noir. Les mêmes juifs naïfs, dont j'étais prêt à me moquer il y a quelques instants, se posent tout à coup une question qui me les rend proches : « Comment cet homme peut-il donner sa chair à manger ? »

C'est tout de même une bonne question.

Je me suis longtemps imaginé que ces paroles avaient

été prononcées pour instituer le rite de la communion, « en mémoire de moi ». Ces paroles étaient donc une métaphore, une belle image illustrant de façon saisissante à la fois le sacrifice corporel que Jésus allait faire dès le lendemain en montant sur la Croix, et aussi le côté universel de son message, destiné à tous les hommes, à chacun d'entre eux, et pour toujours.

Mais Jésus ne s'en tient pas là. Il ne tempère pas ses propos, il n'essaye pas de les édulcorer pour nous les rendre plus faciles à ingérer. Au contraire, il les martèle avec calme et force. « En vérité, en vérité je vous le dis, si vous ne mangez la chair du Fils de l'homme, et ne buvez son sang, vous n'avez point la vie en vous-mêmes. » Il ajoute, pour ceux, comme moi, qui ont la tête dure et l'orgueil tenace : « Car ma chair est vraiment une nourriture et mon sang est vraiment un breuvage. Celui qui mange ma chair et boit mon sang, demeure en moi et moi en lui. »

Silence.

Mes amis les juifs ne disent plus rien, et moi non plus.

Même les disciples osent un commentaire dont je les remercie : « Cette parole est dure, et qui peut l'écouter ? »

Jésus paraît parfois dur, tranchant. Il vient d'asséner ces paroles mystérieuses et voilà que maintenant il demande de se prononcer, de prendre position pour lui, derrière ces propos qui déstabilisent, tout de suite, sans hésiter. Il demande à ses plus proches : « Êtes-vous des disciples, oui ou non ? »

Oui, ou non ?

Nouveau silence.

Jésus poursuit : « Êtes-vous prêts à apprendre, ou voulez-vous juger ?

Jésus est intraitable mais il se montre heureusement plein de mansuétude pour nous. Il adoucit son propos et repose sa question, de façon plus invitante : « Et vous, ne voulez-vous pas aussi vous en aller ? » Il nous permet de l'aimer à nouveau, même si on ne comprend pas tout ce qu'il nous dit. Il laisse Pierre trouver la seule réponse que des ignares butés comme moi peuvent donner à sa question. « Seigneur, à qui irions-nous ? Vous avez les paroles de la vie éternelle. »

Romano Guardini me soulage dans son interprétation de cette parole de Pierre : « Mais c'est une joie de lire la réponse de Pierre. Il ne dit pas : nous comprenons votre pensée, mais : nous tenons solidement votre main. Vos paroles sont des paroles de vie, même si nous ne les comprenons pas. C'était la seule réponse qui pouvait être faite alors. »

C'est la seule réponse que je comprends toujours.

L'amour qui grandit

Samedi 21 mai 2011

Le vrai amour, le pur amour, l'amour désintéressé est à notre portée. Ce n'est pas un mirage, un mythe, une illusion, un rêve inatteignable. Nous en sommes tous capables. Même moi, dont le cœur est sale comme un pied de mendiant.

Je crois qu'on reconnaît cet amour à ce qu'il ne nous sert pas en premier ; cet amour ne nous flatte pas.

Je crois que l'amour vrai est un amour qui grandit ceux qu'on aime. Nous en faisons l'expérience naturelle avec nos enfants. On les aime sans condition, sans jalousie. On se réjouit de les aider à grandir afin qu'ils deviennent quelqu'un, eux-mêmes, pas nous-mêmes. D'ailleurs, tout en aimant ses enfants, on les « élève ».

C'est ainsi qu'on devrait aimer sa femme ou son homme, en l'élevant chaque jour.

Et ses amis aussi. Que chaque conversation amicale, anodine, amusante, soit l'occasion de déceler ce qui demande à éclore chez l'ami. Et alors aider à cette éclosion, à cet accomplissement personnel.

C'est ainsi qu'on devrait aimer ses collaborateurs, ses clients. Les regarder avec les yeux de la bienveillance et chercher avec affection ce qui demande à grandir en eux.

C'est aussi comme cela qu'on devrait aimer l'inconnu qu'on croise dans la rue, le mendiant ou le riche bourgeois, la vendeuse ou la petite vieille.

C'est ainsi que Jésus nous aime. Quand on se laisse aimer par lui, on se laisse grandir.

Jésus a été jusqu'à nous présenter son Père, à nous l'offrir. « Je suis dans le Père et le Père est en moi. » Aimer Jésus, c'est déjà le programme de grandir, de s'élever à aimer un Père.

Le Père qui est en nous.

Se mettre au service

Samedi 28 mai 2011

Après chacun de mes témoignages, on me pose presque systématiquement cette question : qu'est-ce que votre rencontre avec Jésus a changé dans votre vie professionnelle ? L'idée que je sois producteur de télévision ajoute au mystère, comme si ce métier, aux yeux de ceux qui me posent la question, regorgeait de crabes et de requins, prêts à s'entre-tuer à tout moment pour un métier futile.

Longtemps j'ai répondu que ça n'avait rien changé, si ce n'est plus de bienveillance vis-à-vis de mes collaborateurs et, plus difficile, de mes clients. Et aussi plus de sérénité personnelle, qui devait me rendre un peu moins désagréable à côtoyer au quotidien.

Mais cette question me travaille lentement ; c'est vrai, à la fin : comment être chrétien dans le monde du travail, celui de la compétition, de l'ambition ? Celui où l'on va chercher son pain quotidien et son lot de peur et de stress ?

On ne peut pas accrocher sa peau de chrétien au vestiaire le matin, pour la reprendre le soir, et considérer le terrain de jeu du travail comme une exception. Jésus a dit : « Personne, après avoir allumé une lampe, ne la couvre d'un vase ou ne la met sous son lit; mais il la met sur le chandelier, afin que ceux qui entrent voient la lumière. » On est chrétien tout le temps et partout. Donc on est chrétien au boulot.

Mais on ne peut pas non plus, avec une certaine naïveté, proclamer en réunion à ses collaborateurs, réunis pour résoudre un dossier brûlant, que la solution est de s'aimer les uns les autres... Passer pour un illuminé ne sert pas à grand-chose.

L'entreprise est un endroit de profit. Tout le monde travaille de concert pour obtenir un bénéfice. Et ce n'est pas facile, il faut redoubler d'ingéniosité, se battre contre des concurrents, contenter les clients, réduire les coûts...

L'équation entre la générosité chrétienne et la cupidité capitalistique semble impossible à résoudre. Certes, on peut, sans être non plus un doux illuminé, bien se comporter en affaires, respecter ses collaborateurs et même ses compétiteurs. C'est tout à fait faisable. Mais comment résoudre l'équation ?

Peut-être, comme me l'a suggéré un ami, en changeant un tout petit peu le point de vue de l'entreprise, en se demandant tout simplement, chaque matin : qu'allons-nous faire aujourd'hui pour rendre réellement service à nos clients ? C'est ce que doit faire une entreprise : rendre un service à des clients. Mais on l'oublie trop souvent.

Je crois beaucoup à l'aujourd'hui ; les grandes résolutions annuelles, les promesses pour la vie sont bien fragiles. Mais je peux promettre de faire quelque chose aujourd'hui, et pour un seul jour. Demain je recommencerai.

Si je me mets au service de mes clients, sans en attendre un résultat autre que la satisfaction de bien les avoir servis, mes clients me le rendront et les bénéfices en découleront.

Je peux aussi étendre cette question au reste de mon quotidien : comment vais-je me mettre au service de mes collaborateurs aujourd'hui ? Et de ma femme, ou de mes enfants ?

Le Christ a donné l'exemple : il s'est déshabillé, mis en tenue de travail, et a lavé les pieds de ses apôtres. Certains en étaient choqués. Jésus a voulu faire un exemple, il l'a bien dit : « Si donc je vous ai lavé les pieds, moi le Seigneur et le Maître, vous devez aussi vous laver les pieds les uns les autres ; car je vous ai donné un exemple, afin que vous fassiez comme je vous ai fait. »

Un vide qui remplit

Samedi 11 juin 2011

Nous étions assis à une table, parlant de foi, d'amour, de Dieu. Certains étaient diserts, d'autres timides.

Un homme ne disait rien. Il avait de beaux yeux bleus. Je me demandais ce qui traversait son esprit. Était-il hostile à notre conversation ? Son visage était impénétrable. Je pensais qu'il n'allait rien dire. Nous allions nous quitter sans avoir entendu le son de sa voix.

Soudain il a pris la parole, pour nous raconter son histoire. Il avait été longtemps un homme d'affaires comblé. Comblé de réussite, de responsabilités. Une vie remplie, trop remplie peut-être. L'argent, la famille, les soucis quotidiens et tous ces rendez-vous urgents...

Un jour il en a eu assez. Sa vie était si remplie qu'elle en était devenue creuse. Il faisait l'expérience de son vide.

Alors il a négocié une année sabbatique. Fantasme du cadre stressé ! Prendre du recul, de longues vacances, connaître la joie d'une retraite, souffler enfin, respirer, réfléchir, tout en gardant la possibilité de revenir, et de tout retrouver, comme avant...

Il est parti en voyage avec sa famille. Il a promené son vide intérieur un peu partout, le confrontant à d'autres civilisations, à d'autres paysages, à son oisiveté autorisée.

Et il a fait une découverte, une simple découverte, dont il voulait nous faire profiter.

« J'ai compris que nous naissions tous avec un vide au cœur, un manque d'amour immense, une soif de tendresse infinie. Nous cherchons à étancher cette soif en buvant l'amour que nous donnent nos proches, en recherchant la reconnaissance sociale. Nous distrayons cette soif qui nous taraude par des plaisirs, par l'argent, mais nous ne parvenons jamais à l'étancher. J'ai alors compris que si j'avais naturellement cette soif, ce vide, c'est qu'il existait une source capable de me combler et que cette source n'était pas de ce monde. »

Cela me fait penser à la Lettre de saint Paul aux Romains (8,31-39) : « Qui pourra nous séparer de l'amour du Christ ? La détresse ? L'angoisse ? La persécution ? La faim ? Le dénuement ? Le danger ? Le supplice ? [...] J'en ai la certitude : ni la mort ni la vie, ni les esprits ni les puissances, ni le présent ni l'avenir, ni les astres, ni les cieux, ni les abîmes, ni aucune autre créature, rien ne pourra nous séparer de l'amour de Dieu qui est en Jésus Christ notre Seigneur. »

Mon prêtre

Samedi 25 juin 2011

J'ai longtemps été sévère avec les prêtres et l'Église en général.

Aujourd'hui encore, même si je me sens un vrai catholique, il me reste des vestiges de méfiance ; cette méfiance me rapproche d'ailleurs des catholiques non pratiquants qui se montrent parfois hostiles à l'Église, lui reprochant avec véhémence toutes sortes de choses plus ou moins justifiées, mais qui se résument souvent en un amour déçu avec cette même Église, l'Église de leur enfance. Quand ils viennent me parler, ils sentent que je peux les comprendre, que je ne vais pas essayer de les écraser par des arguments bien sentis, ou de les convaincre, mais simplement les écouter, sans les juger.

Je crois que cette méfiance m'est venue d'une déception des prêtres de mon enfance. Je n'ai sans doute pas eu la chance d'en rencontrer un qui m'ait marqué, touché, ému. Ils étaient là, je les respectais, sans trop savoir pourquoi. Si, ils avaient une relation particulière avec Dieu, ce grand inconnu représenté sur le plafond de l'église par un peintre naïf et peu avare de couleurs criardes.

Plus tard je suis sorti de l'Église, du « système », pour voler, du moins le croyais-je, de mes propres ailes, dans un grand élan d'émancipation.

Quand Jésus est entré dans ma vie, si récemment, j'ai retrouvé le chemin de la messe dominicale. J'étais ému de ma nouvelle relation personnelle avec Jésus, qui m'émerveillait, me mettait en joie.

Dans l'euphorie de mes retrouvailles avec Jésus (j'étais un peu comme j'étais le fils prodigue qui revient au bercail), j'ai accordé une plus grande indulgence aux prêtres qui se succédaient les dimanches. J'ai cessé de les juger.

Alors Jésus m'a fait un nouveau cadeau. Il m'a guidé, par l'entremise d'un ami, vers une petite paroisse que je connaissais mal, dans laquelle je n'étais même jamais entré, alors que c'était dans la salle paroissiale attenante que j'avais fait l'expérience de ma catéchèse. C'est une toute petite église, toute grise, toute laide. L'intérieur n'est pas beaucoup mieux. Jésus m'invite toujours dans des endroits qui me paraissent au premier abord assez sinistres.

Mais...

À l'intérieur, nous sommes invités par un vieux prêtre, un grand gaillard vaillant, malgré une démarche bancale qui incite ses paroissiens à suivre ses déplacements improbables avec une inquiétude discrète ; il a une grande tête aux cheveux ras et broussailleux, un long nez racé et un regard clair et pétillant, deux yeux qui frisent et voient tout. Il a deux mains immenses, qu'il déplace avec douceur. Quand il les pose sur notre front, on peut sentir sa bonté. Il a souvent des problèmes de micro imaginaires et des inquiétudes logistiques dont il fait un spectacle amusant. Il a beaucoup d'humour et de simplicité quand il nous donne son homélie. Il réussit à se faire écouter par tous.

Et puis surtout, on sent qu'il nous aime.

Depuis que je le connais, j'attends chaque dimanche avec impatience. C'est une joie que d'aller le retrouver.

Je tremble égoïstement à l'idée qu'il prenne sa retraite.

Aujourd'hui je voulais lui rendre un hommage et y inclure tous ces prêtres qui ne font pas seulement bien leur travail, mais qui chaque semaine nous donnent leur âme.

Pénitence

Dimanche 24 juillet 2011

Je l'avais presque oublié, mais le frère auprès duquel je me suis confessé à Paray-le-Monial m'a octroyé une pénitence : réciter une dizaine de chapelets.

La sentence me paraissait classique et je suis peu habitué à cet exercice qui me semble rébarbatif et scolaire, mais il était hors de question de me soustraire à cette obligation.

Me voila donc récitant, de plus en plus vite, des Notre Père et des Je vous salue Marie, comme une petite vieille au fond d'une église, comme un professionnel de la prière rapidement expédiée. Tout en m'exécutant, je me trouve ridicule. Je retrouve les saveurs des punitions de mon enfance, auxquelles on ne comprenait pas grand-chose. Je me rends compte qu'au lieu de prier, je suis en train de faire un concours de rapidité, un marathon où chaque prière est comme un saut d'obstacle. Je décide d'interrompre l'opération, après trois chapelets. Afin de donner plus de sens à cette pénitence, je décide de dire un chapelet par jour, dans les sept prochains jours : ainsi je ne serai pas pris par un désir de résultat, je pourrai savourer ma prière.

Précaution inutile : les chapelets suivants sont tout aussi ennuyeux et dénués de sens. Je commence à penser que cet exercice a été conçu pour être ennuyeux, pour me déposséder de ma volonté, qu'il faut réciter sans réfléchir, pour une fois.

Le quatrième jour, je décide de dédier chaque prière du chapelet à quelqu'un que j'aime. Je suis ému d'avoir passé en revue « mes personnes », comme avait dit ma mère dans son enfance en parlant des membres de sa famille.

Le cinquième jour, je prie en pensant à tous ceux que je connais et dont je sais qu'ils souffrent. Le chapelet passe vite et j'en suis heureux.

Le jour suivant, je décide de prier pour tous ceux que je n'aime pas, ceux à qui j'en veux.

Il me faut le septième et dernier chapelet pour terminer cette liste des gens qui m'ont fait plus ou moins souffrir. Je pense avoir découvert le sens de ma pénitence.

Désormais je dirai un chapelet chaque jour.

L'aimer

Samedi 30 juillet 2011

Une fois ma pénitence des dix chapelets effectuée, j'ai continué à dire un chapelet chaque jour.

Je l'ai fait pour ne pas paraître mesquin à Jésus. On m'a demandé dix chapelets, j'en récite dix, pas un de moins, mais pas un de plus... Non ! Je peux bien continuer un peu.

Puis je me suis pris au plaisir de dédier chaque prière à une personne bien déterminée. Cela m'a permis de visiter tous ceux que j'aime, tous ceux dont je crois savoir qu'ils souffrent, tous ceux que je croise souvent et pourtant m'indiffèrent, tous ceux à qui j'en veux.

Je me suis mis à prier pour ceux que je ne connais pas : ceux qui souffrent physiquement, ceux qui ont peur, ceux qui se sentent coupables, ceux qui sont malades, ceux qui souffrent moralement, ceux qui manquent de confiance en eux, ceux qui ont faim, ceux qui sont handicapés, ceux qui sont pauvres, ceux qui sont seuls...

J'ai prié pour mes morts.

J'ai prié pour les saints que j'aime.

Chaque jour l'horizon de ma prière s'élargissait.

Puis j'ai prié pour Dieu. Et j'ai ressenti une paix joyeuse.

Tout d'un coup j'ai compris cette phrase du curé d'Ars : « Le seul bonheur sur terre est d'aimer Dieu et de nous savoir aimé par Lui. »

Prières

Samedi 13 août 2011

Chaque matin, je me rends dans une petite chapelle isolée.

Il y a parfois un vieux monsieur qui arrange les bougies dédiées à Marie et à sainte Thérèse de Lisieux. Il travaille avec des gestes précis, sans me prêter attention.

Je m'assois sur un banc solitaire, tout au fond, sans faire de bruit. Je m'apprête à réciter mon chapelet quotidien. Aujourd'hui mes pensées vont-elles vagabonder comme des enfants qui font l'école buissonnière ? Vais-je me laisser distraire ?

Je prie pour ma mère qui m'a éduqué, aimé, chéri. Pour mon père aussi. Pour mes frères, mes sœurs, ma famille...

Pour ma femme, que j'aime. Pour tous ceux dont le couple est fragile, ou mourant.

Pour mes enfants, leurs espérances, leurs amis. Pour tous ceux qui n'ont plus d'espoir. Pour les dépressifs, les angoissés, les peureux, les attristés, les désespérés...

Le vieux monsieur vient de mon côté, en portant un carton. Il me jette au passage un petit regard sévère. Je m'interromps un instant dans ma prière.

Je prie pour une amie, qui traverse un moment douloureux. Je vois son visage familier, son sourire amical. Des souvenirs se pressent dans mon esprit. Je prie pour tous les affligés, les malheureux, les endeuillés.

Pour ceux qui ont été abusés. Pour ceux qui ont abusé.

Pour les schizophrènes, qui souffrent tant. Pour leurs familles, qui souffrent avec eux.

Pour ceux qui ont tout perdu. Pour ceux qui ont tout.

Pour que mes yeux, mes oreilles ne se ferment jamais à l'appel de Jésus. Pour que je trouve le courage, les ressources nécessaires pour cheminer toujours. Pour que je casse les frontières inutiles, épuisantes frontières.

Pour ceux qui ont faim.

Pour ceux qui meurent. Et ceux qui restent.

Pour ceux qui sont seuls et abandonnés.

La chapelle est déserte. Le vieux monsieur est parti.

Je sors dans le petit jour brumeux.

Je reviendrai demain.

À tes pieds

Samedi 3 septembre 2011

L'autre jour, en allant chercher le pain, je marchais dans les premiers rayons du soleil du matin. L'air était délicieusement frais, les rues désertes. Il flottait dans l'atmosphère un parfum d'optimisme.

Je me sentais léger. L'emploi du temps chargé qui m'attendait, et l'avalanche de soucis quotidiens dont il était truffé, n'allait pas m'atteindre.

Tout à coup, en pensant justement à un rendez-vous chez un client, voilà que je visualise sa belle tête de client. C'est un client puissant, brillant, impressionnant, qui joue avec nous comme un chat avec une souris, nous tenant dans sa patte crochue et serrant à sa guise un peu plus fort, nous étouffant toujours plus... Je me vois arriver dans son bureau et lui lancer, comme autant de gifles, des vérités bien senties. Je lui montre un projet qui l'intéresse, feins de le lui réserver et au dernier moment lui révèle avec un rire sardonique que je l'ai promis à son pire concurrent. Je me régale de sa fureur.

Je marche toujours dans le petit matin ; j'ai désormais le cœur battant, le sang me fouette les tempes.

La moutarde me monte au nez en songeant à chacun de ses collaborateurs, serviles, qui n'osent jamais rien dire à ce patron sadique. Je réserve à chacun d'eux un compliment cruel et humiliant. Je les traite de chien-chiens à leur maître. Je vois dans mes pensées leurs joues rougir de honte et leurs lèvres se serrer, incapables de réagir aux vérités cinglantes que je leur assène avec tant de verve.

Je marche de plus en plus vite, et oublie de saluer un voisin qui m'a fait un signe de tête.

En revenant de la boulangerie, je me rends compte que ma colère s'est déployée et que j'ai dit leurs quatre vérités à pas mal de gens, que j'ai imaginé toutes sortes de scènes réparant mon orgueil blessé, que j'ai rivé leur clou à des arrogants, puni sévèrement les tricheurs, démasqué publiquement les menteurs.

Je m'arrête, le souffle court.

Je suis ridicule. Ridicule de punir en fantasmes, de me révéler si revanchard. Ridicule de me croire spirituellement nourri et apaisé, et de découvrir autant de rancœurs cachées dans les replis de mon cœur.

Je rentre chez moi, dépose le pain sur la table et vais déposer aux pieds du Seigneur mes désirs de vengeance, mes colères rentrées, mes frustrations, mon petit orgueil, comme un bouquet d'orties et de ronces.

Je repense à Paul : « Car j'ai l'assurance que ni la mort ni la vie, ni les anges, ni les principautés, ni les choses présentes, ni les choses à venir, ni les puissances, ni la hauteur, ni la profondeur, ni aucune autre créature ne pourra nous séparer de l'amour de Dieu en Jésus Christ Notre Seigneur » (Rm 8,38-39).

Mon petit frère

Samedi 24 septembre 2011

Mon petit frère n'a pas eu de chance.

Il se sent exclu dans notre famille, moins bien aimé que nous autres, ses frères et sœurs. Il se sent injustement rejeté, injustement traité.

Il a raison, à force de vivre dans la peau du paria, il s'est disqualifié de lui-même. Le voir nous procure plus de gêne, de malaise, que de plaisir. Nous pensons qu'il nous juge, qu'il est aigri, que ses pensées sont pleines d'amertume et d'accusations à notre encontre.

Quand il n'est pas là, c'est-à-dire la plupart du temps, nous parlons de lui. Nous regrettons son attitude, parfois nous nous sentons vaguement coupables de manquer de patience, de bienveillance à son égard. Mais après tout, il a aussi tout fait pour se mettre au ban de la famille.

Ces conversations nous rassurent, car elles nous font sentir combien nous, nous sommes une famille unie et forte. Nous ressentons un délicieux sentiment de confort moral et affectif lors de ces échanges.

Comment tout cela a-t-il commencé ? Était-ce la faute de nos parents ? La nôtre ? La sienne ? Personne ne peut le dire avec précision. Des erreurs ont été commises, et de chaque côté. C'est ainsi, on n'y peut rien.

Mais que les choses soient claires : c'est notre petit frère, et nous l'aimons, il n'y a pas de doute là-dessus ! Et sans doute qu'il nous aime aussi, à sa façon.

Un jour, peut-être, les choses s'arrangeront, pense-t-on en soupirant, et sans trop y croire. En attendant, on a nos vies à mener.

Ce petit frère, je le rencontre tous les jours. C'est le sans-abri dont je n'ose croiser le regard dans la rue, c'est cet ami dont je ne veux plus écouter les problèmes qui me minent, c'est ce collègue dont il n'est pas bon en ce moment de me montrer avec lui, c'est ce malade qui me fait peur, cet étranger dont je me méfie.

Le blog, une aventure commune

Samedi 1er octobre 2011

Il y a près de trois ans, quand on m'a demandé de lancer ce blog, j'avoue que je ne savais pas vraiment de quoi il s'agissait. J'imaginais une sorte de tribune libre, un espace d'expression, une occasion de lancer des petits messages dans l'univers intersidéral du Net, à la façon d'une sonde spatiale. Tout à ma gratitude envers Jésus, j'étais d'accord pour lancer mes signaux d'amour pour lui sur cette Toile abstraite et froide.

Je ne savais pas l'aventure humaine qui m'était alors proposée. Je n'avais pas compris qu'il y aurait des lecteurs.

Encore moins des lecteurs qui répondent.

L'aventure a ainsi commencé, avec les premières réactions. Trois ans après, force est de constater que ces lecteurs parlants sont devenus une espèce de famille qui habite mon quotidien. Une famille dont j'attends les réactions, dont je redoute parfois les critiques. Une famille qui s'est installée dans ma vie.

Il y a quelques jours, une amie très chère m'a envoyé le message de ce que je pourrais appeler un blogueur anonyme. C'est un message d'une très grande beauté, et je veux l'offrir aujourd'hui à ma famille de lecteurs, pour les remercier de leur fidélité et de leur infatigable sincérité.

Désirs

Allez tranquillement parmi le vacarme et la hâte, et souvenez-vous de la paix qui peut exister dans le silence. Sans aliénation, vivez autant que possible en bons termes avec toutes personnes. Dites doucement votre vérité ; et écoutez les autres, même le simple d'esprit et l'ignorant ; ils ont eux aussi leur histoire. Ne vous comparez avec personne : vous risqueriez de devenir vain ou vaniteux. Il y a toujours plus grands et plus petits que vous. Jouissez de vos projets aussi bien que de vos accomplissements. Soyez toujours intéressé à votre carrière, si modeste soit-elle. Soyez prudent dans vos affaires, car le monde est plein de fourberies. Mais ne soyez pas aveugle en ce qui concerne la vertu qui existe. Soyez vous-même. Surtout n'affectez pas l'amitié. Non plus ne soyez cynique en amour, car il est en face de toute stérilité et de tout désenchantement aussi éternel que l'herbe. Prenez avec bonté le conseil des années, en renonçant avec grâce à votre jeunesse. Fortifiez une puissance d'esprit pour vous protéger en cas de malheur soudain. Mais ne vous chagrinez pas avec vos chimères. De nombreuses peurs naissent de la fatigue et de la solitude. Au-delà d'une discipline saine, soyez doux avec vous-même. Vous êtes un enfant de l'univers, pas moins que les arbres et les étoiles; vous avez le droit d'être ici. Et qu'il vous soit clair ou non, l'univers se déroule sans doute comme il le devrait. Soyez en paix avec Dieu, quelle que soit votre conception de lui, et quels que soient vos travaux et vos rêves, gardez dans le désarroi bruyant de la vie, la paix de votre âme. Avec toutes ses perfidies, ses besognes fastidieuses et ses rêves brisés, le monde est pourtant beau. Prenez attention. Tâchez d'être heureux.

Ce message du blogueur anonyme a été posté depuis une église à Baltimore.

En 1692.

Pour nous, aujourd'hui.

Tout de suite.

Petite prière du matin

Samedi 15 octobre 2011

Je vous salue, Marie, pleine de grâces...

Je pense tout de suite à cette femme venue me voir, cette femme aux yeux limpides, manipulée, harcelée, battue par son mari, prise dans ses filets comme un petit animal désemparé. Ma prière est comme un radeau que j'envoie au ciel, je le charge de toutes ces souffrances qui m'ont touché et je le pousse du plus fort que je peux.

Le Seigneur est avec vous.

Que le Seigneur soit avec ces deux pères qui ne se connaissent pas, mais dont les fils aînés ont à peu près cette même maladie mentale, qui est venue un jour sans prévenir et s'est installée pour toujours. Que le Seigneur soit avec leurs mères et leurs sœurs. Que le Seigneur soit avec ces deux garçons. Que le Seigneur efface un peu de l'inquiétude qui empoisonne ces familles injustement frappées.

Vous êtes bénie entre toutes les femmes et Jésus, le fruit de vos entrailles, est béni.

Que chacun ait la chance de rencontrer Jésus. Je pense à ce texte de monseigneur Dagens, qu'un prêtre m'a apporté l'autre jour, comme un cadeau : « L'homme qui a rencontré le Christ ne peut plus être comme avant. Il lui faudra peu à peu changer d'identité. Certes, il reste le même, mais comme l'amoureux que l'amour transfigure. » J'ai fait l'expérience de ce changement d'identité. Je le souhaite à chacun. À cette petite vieille toute courbée qui traverse à petits pas, interminablement, cette rue étroite; à ce bel homme aux cheveux poivre et sel, bien mis, aux belles chaussures, qui semble attendre une femme. À cet enfant qui marche, insouciant, la tête dégagée dans l'air du matin. À cette vendeuse qui fume sur le pas de sa porte, l'air absent.

Sainte Marie, priez pour nous, pauvres pécheurs

Je prie pour moi et ma petite vanité toute propre, mes calculs mesquins et mes peurs minables. Je croise un prêtre, qui marche d'un pas vif. J'adresse à Marie un élan d'affection pour ces prêtres qui donnent tout sans rien demander, qui ne perdent pas courage, qui ont toujours confiance, malgré les difficultés manifestes de leur Église.

Maintenant, et à l'heure de notre mort.

Infatigables fragilités

Samedi 29 octobre 2011

Chaque fois que je me crois tiré d'affaire, je m'aperçois qu'il n'en est rien.

Je gagne ma vie, je pense que désormais ma carrière est sur des rails... Mais tout peut s'arrêter, à tout moment, surtout quand on a une petite entreprise.

Je me sens à l'abri, dans ce grand corps plein de santé. Mais il vieillit à vue d'œil, il pourrit sur pied, inexorablement. Des douleurs nouvelles apparaissent, qui annoncent de leurs petits grincements le triomphe de la vieillesse ; le sommeil fuit, la vue s'embrouille... Je ne me plains pas, j'ai encore mes cheveux.

Je me crois plein de sagesse, mais il m'arrive encore de me vexer comme un adolescent, pour un rien.

Je me crois fort de caractère, mais ne parviens pas à canaliser ma gourmandise ; je regarde, navré, mes kilos en trop dans la glace, je palpe mes bourrelets en soupirant, je me promets d'être désormais impitoyable avec moi-même, mais ne résiste pas à ce gâteau au chocolat que j'ai fait... pour les enfants.

Je me crois serein, mais j'attends ce petit verre de vin à l'apéritif, qui m'apaise.

Je me crois bon, mais je m'enferme dans mes peurs...

Décidément, il faut le dire, mon bateau prend l'eau, et de toutes parts. Je suis perclus de navrantes fragilités.

Je pense que je dois apprendre à apprivoiser, à aimer, à chérir ces fragilités, qui seules me permettent de m'ouvrir aux autres, de rencontrer leurs propres fragilités, de les comprendre.

Je me console en pensant que Jésus aussi s'est montré fragile.

J'offre à Dieu mon amas de fragilités... et me remets à écoper ma petite embarcation.

Merci

Samedi 5 novembre 2011

Seigneur, merci.

Seigneur, merci d'être venu me chercher dans ma misère, dans ma solitude et de m'avoir invité à Ton festin.

Seigneur, merci de m'avoir ouvert les yeux et les oreilles et la bouche.

Seigneur, merci d'avoir fait battre mon cœur d'un sang nouveau.

Seigneur, merci de m'avoir mis en marche.

Seigneur, merci d'être d'une infinie patience avec moi, qui traîne en route, me laisse distraire, alors que je sais que cette route est la plus importante.

Seigneur, merci d'avoir insufflé cette grâce qui travaille en moi lentement, de façon souterraine, délicate, inexorable.

Seigneur, merci d'avoir fait de moi un homme.

Seigneur, merci d'avoir fait de moi Ton enfant.

Seigneur, merci de m'avoir donné tous ces nouveaux frères, toutes ces nouvelles sœurs, qui sont une nouvelle famille.

Seigneur, merci de nous avoir donné Jésus, Ton fils, un ami, un confident, un père, l'amour de toute une vie, qui, en s'adressant à Toi, nous a dit : « Je ne prie pas pour eux seulement, mais aussi pour ceux qui, par leur prédication, croiront en moi, pour que tous ils soient un, comme vous, mon Père, vous êtes en moi, et moi en vous, pour que eux aussi ils soient un en nous, afin que le monde croie que vous m'avez envoyé. Et je leur ai donné la gloire que vous m'avez donnée afin qu'ils soient un comme nous sommes un, moi en eux et vous en moi, afin qu'ils soient parfaitement un, et que le monde connaisse que vous m'avez envoyé » (Jn 17,20-23).

Sortir de soi-même

Samedi 26 novembre 2011

Que faire de ses déceptions ?

Il y a les projets qui s'écroulent devant vous, au moment même où vous pensiez les avoir sécurisés, après des mois, des années de travail. Vous aviez bâti votre édifice pierre après pierre, le voyant grandir lentement sous vos yeux satisfaits ; vous aviez travaillé avec d'autres, ces étrangers devenus peu à peu votre équipe, puis votre famille. Et soudain tout s'écroule ; l'anéantissement s'opère en un clignement d'œil, en silence, sans majesté, sans égards pour le temps et la sueur dépensés. Sans respect pour l'espoir et l'amour investis. Quelle déception !

Il y a aussi les gens qui vous déçoivent. Vous aviez investi en eux des qualités qu'ils n'ont pas tout à fait, tant pis pour vous. Vous espériez plus d'amour qu'ils ne peuvent en donner. Et au moment où vous avez le plus besoin d'eux, ils vous tournent le dos. Cruelle déception.

Cette semaine, j'ai connu ces deux types de déception et je me suis demandé pourquoi, ayant la chance, la joie, la grâce, d'avoir Jésus dans ma vie, Jésus au cœur de mes pensées les plus intimes, Jésus qui chemine avec patience à côté de moi, Jésus qui me tient par la main pour m'encourager, Jésus qui plonge son regard limpide dans mon regard brouillé, Jésus dans les bras duquel je m'endors chaque soir comme un enfant... pourquoi étais-je aussi affecté par mes déceptions ? Pourquoi est-ce que je traversais une tempête intérieure, une mer de tristesse agitée de vents violents de colère ? C'est parce que je ne suis qu'un petit homme et c'est tant mieux. Mais comment surpasser ces déceptions mortifères qui me minent et ne me mènent nulle part ?

Il faut sortir de soi-même, de son petit chez-soi confortable et douillet, cet endroit où l'on est maître à bord, où l'on a toujours raison, où l'on peut donner libre cours à ses pensées les plus noires, à ses fureurs les plus meurtrières.

Mais comment sortir de soi-même quand on a tant de colère et de pensées furieuses à déverser ?

C'est simple, il faut prier. Un vieux juif m'avait dit un jour : « si Dieu te donne chaque jour vingt-quatre bonbons, est-ce que tu serais d'accord pour lui en donner un ? » Cela m'avait paru plus que raisonnable (je savourais dans mon esprit à la fois les vingt-trois restants et le sentiment délicieux d'avoir été généreux...). Il m'avait souri. « Alors prie une heure par jour... »

Quand on prie, on sort de soi-même et on laisse entrer Dieu dans cet espace personnel pour lui donner, quelques instants, la place d'honneur. Le premier résultat est un immense soulagement : nous ne sommes plus ce héros que nous glorifions en secret, dont nous léchons les plaies et dont les déceptions sont à la une de notre journal personnel. L'espace de la prière, nous ne sommes plus obligés de flatter l'ego de ce despote que nous sommes, affamé de glorifications. Nous avons réveillé l'enfant émerveillé qui sommeille en nous.

Mère Teresa dit : « Souvent, un regard profond et fervent sur le Christ constitue la meilleure des prières : je Le regarde et Il me regarde. Dans le face-à-face avec Dieu, tu ne peux que savoir que tu n'es rien, absolument rien. »

Et Jésus nous a dit : « Qu'avez-vous à dormir ? Relevez-vous et priez... » (Lc 22,46).

Premiers chrétiens

Samedi 3 décembre 2011

Cette semaine ma petite tempête professionnelle se poursuit, tempête tumultueuse, fatigante, éprouvante émotionnellement, mais qui n'en reste pas moins qu'une tempête professionnelle.

Et au milieu de tout ce bruit et de toute cette fureur, se présentent à moi coup sur coup deux témoignages acceptés des mois auparavant et qu'il me faut bien honorer. Je n'ai vraiment pas la tête à ça. Pourquoi aller raconter à des inconnus mon histoire, toujours la même histoire de ma rencontre amoureuse avec Jésus, alors que j'ai mille choses urgentes à faire et que mon téléphone ne cesse de vibrer dans ma poche ?

Le premier témoignage se passe très tôt un matin de semaine, devant une centaine d'élèves de première. Je contemple leurs visages tout neufs, esquisses d'adultes en devenir. Je me sens vieux et fatigué avant même d'avoir commencé.

J'en sors une heure et demie plus tard, rempli d'énergie, d'optimisme et de gratitude envers Jésus. Jésus se montre à moi quand je parle de lui. C'est peut-être pour cette raison que je parle de lui sans cesse.

Je retourne dans ma tempête, aussitôt happé, mangé tout cru.

Le second témoignage se passe à Lyon, un soir. Jusqu'aux dernières minutes de TGV, je suis au téléphone, avec des gens furieux qu'il faut remettre à leur place ou d'autres, déçus et blessés, qu'il faut consoler avec délicatesse.

Et me voilà dans une salle remplie d'adultes qui attendent. Je m'étonne qu'on ait envie de me voir. Ce sont sans doute des gens en demande ; il y a les croyants fervents qui viennent se faire plaisir et les catholiques endormis, qui doutent, ne ressentent plus grand-chose et aimeraient trouver ou retrouver une étincelle qui pétillerait dans leurs tripes.

Je rentre le lendemain dans un autre TGV, le cœur encore rempli d'émotions, après cette soirée de partage.

Il me semble que chaque fois, en racontant ma ren contre amoureuse avec Jésus, une magie particulière s'opère, entre l'image que se font ces chrétiens d'une Église ancienne, majestueuse, académique, référentielle et aussi critiquable... et l'image que j'en ai, qui les réveille un peu ; l'Église est pour moi un jeune club qui possède deux trésors inoxydables, la parole de Dieu (une parole vivante, révolutionnaire, émouvante, parfois scandaleuse), et ceux qui composent cette Église, à savoir les catholiques anonymes.

En regardant ces visages qui m'écoutent, qu'ils soient jeunes ou ridés, fatigués ou plein d'entrain, je m'aperçois que nous sommes tous des premiers chrétiens. Laissons de côté l'histoire de l'Église derrière laquelle nous nous abritons quelques fois, oublions notre propre histoire personnelle, faite de souffrances qui nous empêchent parfois d'avancer, pour considérer un fait tout à fait surprenant : Jésus s'adresse à nous aujourd'hui, maintenant et chaque jour. De même que Jacques et Pierre, qui, sans sourciller, laissent tomber leurs filets, leur gagne-pain, pour suivre cet inconnu qu'est Jésus, acceptons l'inimaginable : nous sommes appelés, invités au festin du Seigneur chaque jour, maintenant, tout de suite.

Le passé n'existe pas. Nous sommes des premiers chrétiens qui devons nous lever, inventer notre chemin personnel, construire l'Église d'aujourd'hui. L'Église n'est pas une institution impressionnante... Ça, c'est une illusion. L'Église, c'est nous, maintenant, tout de suite.

Nous vieillissons, puis mourons.

La parole de Jésus reste, étonnamment intacte. Et elle s'adresse à chacun d'entre nous, maintenant, tout de suite, chaque jour.

Petite mort

Samedi 10 décembre 2011

En souriant, un prêtre me parle de l'expérience que j'ai vécue et racontée dans mon livre : cette catéchèse improbable, dans un lieu sinistre, avec des gens qui me paraissaient horribles. « Comme je me suis reconnu dans cette description ! Moi, on m'a envoyé deux semaines à Lourdes, à dix-huit ans, et dans mon groupe il n'y avait que des vieux. Et j'avais le cafard ! Et je me demandais bien ce que je foutais là... » Il rigole aujourd'hui à ce souvenir. Nous sommes au petit matin, dans une cour d'école où je m'apprête à témoigner devant une centaine d'élèves. Il me sourit et ajoute : « C'est fou comme le Seigneur nous impose des expériences de petite mort... »

Je comprends très bien ce qu'il dit. Cette expérience de petite mort, je la vis au moment même où il me parle : j'ai le trac, la gorge sèche et je me demande bien ce que je fous là, dans cette école inconnue, avec ce prêtre certes sympathique, mais qui dans cinq minutes va me lâcher, micro à la main, devant une horde de jeunes au mieux distraits, au pire chahuteurs...

Je lui réponds sans réfléchir que pour parler à Dieu nous devons immanquablement passer par cette « formalité » désagréable : traverser une petite mort. D'ailleurs l'eau du baptême ne symbolise-t-elle pas la mort? Nous sommes plongés dans la mort pour pouvoir renaître à une nouvelle vie.

Je dis à ce prêtre que ce n'est pas un hasard si Jésus est venu me chercher dans une catéchèse a priori si rebutante, m'invitant à me laver au préalable dans l'expérience d'une petite mort. Sans cela, je ne l'aurais pas vu, entendu, touché, aimé. Quand on décide de s'approcher du pauvre qui nous fait peur, du malade qui nous rebute, du paria qui nous inspire méfiance, on goûte tout d'abord l'impression terreuse de la mort au fond de sa gorge. C'est seulement après, en rentrant chez soi, que l'on sent la joie d'avoir parlé au Christ. Un peu comme les témoins d'Emmaüs.

Cette semaine, je suis parti avec un ami (j'avais trop peur d'y aller seul) à deux heures de Paris, rencontrer sept personnes SDF qui travaillent ensemble à se réinsérer dans la vie active. Depuis deux jours j'avais le trac à l'idée de me confronter à ces hommes, ou plutôt au fantasme que ces hommes représentent pour moi : avant même de les connaître, ils incarnent une de mes plus vieilles angoisses enfantines, devenir un jour moi-même SDF, ne plus parvenir à nourrir mes enfants, voir rapidement mon petit monde confortable s'écrouler comme un château de cartes et dormir dans la rue. J'ai la conscience aiguë que cela pourrait m'arriver.

J'ai donc traversé en deux heures cette expérience de petite mort.

Et quand je me suis assis au milieu d'eux et que nous avons commencé à les écouter, des larmes de joie me sont montées au cœur. J'ai remercié Jésus de m'avoir invité à cette table, de m'avoir fait encore une fois un si merveilleux cadeau.

J'étais venu sauver ces hommes et ce sont eux qui m'ont sauvé.

Limpide émotion

Samedi 17 décembre 2011

Jeudi soir, premier dîner des parrains. J'ai demandé, il y a plusieurs semaines, à six de mes amis, de devenir chacun le parrain d'une personne SDF. Ils ne s'engagent pas à lui trouver du travail, mais juste à être un ami, une présence, un confident qu'on peut appeler. Car ces « filleuls » souffrent avant tout de solitude. Certains de mes amis, à qui j'ai demandé, ne se sentaient pas prêts à accepter une telle mission.

Mais ces six-là ont tous accepté tout de suite, avec gratitude et envie.

Je m'éclipse d'une réunion à la télévision pour aller retrouver les parrains, avant que les filleuls arrivent. Dans la voiture, je sens le trac monter et me serrer la gorge. Comment ai-je pu embarquer ces amis dans une telle aventure ? Et si ça tournait mal ? Vont-ils me lâcher ? M'en vouloir ? Et si ça se passe mal entre les parrains et les filleuls ? En approchant du lieu de dîner, je me dis que j'ai été inconscient, que j'ai agi trop vite, une fois de plus...

Mais les parrains sont tous là, fidèles au poste. Ça me réchauffe le cœur de les voir qui m'attendent, le sourire aux lèvres, comme si j'étais le seul à avoir le trac. Élisabeth, qui dirige cette aventure, leur explique leur mission. Je les regarde écouter attentivement, poser des questions directes, montrer leurs inquiétudes légitimes. Ils sont déjà au boulot.

Arrivent peu à peu les filleuls.

Tout le monde se dit bonjour timidement.

Puis la magie opère, les couples parrain-filleul se constituent, les conversations vont bon train, comme si on se connaissait depuis toujours. Ça rigole, ça discute...

Je contemple la scène avec soulagement, avec cette joie limpide que Dieu nous donne souvent en cadeau.

Je me couche ce soir-là et ne trouve pas tout de suite le sommeil, encore tout émerveillé de cette soirée.

Mon ami

Samedi 7 janvier 2012

Il ne s'est rien passé de notable, d'extraordinaire, d'extravagant. Vu de l'extérieur, rien n'a changé. Je suis toujours le même.

Mais plus rien n'est pareil.

Il y a avant et maintenant.

J'ai rencontré un ami. Ce n'est rien d'exceptionnel, un ami. On se rencontre par hasard, on se lie peu à peu, sans même s'en rendre compte. On fait des choses ensemble, de plus en plus. On pense l'un à l'autre, on se raconte des choses intimes.

Les jours passent en silence, dans le bruit de la vie. L'ami est désormais dans le tableau de cette vie. Cette vie qui a donc changé, qui ne sera plus jamais la même, car désormais il y a cet ami. Il y avait le temps d'avant, celui sans l'ami. Ce n'était pas un temps malheureux. Mais maintenant que j'ai mon ami, je peux mesurer comme il manquait avant.

Et puis il y a maintenant, avec l'ami. C'est cela qui m'intéresse. Le reste c'est du passé, ça n'existe plus.

Avec mon ami, le monde a changé, tout est différent, nouveau. Tout a une saveur particulière, nouvelle, singulière, délicieuse.

On ne peut plus revenir en arrière, quand bien même on le voudrait.

Je me couche et avant de sombrer dans le sommeil je pense à lui. Je souris dans l'obscurité, je souris en silence, en cachette, tout seul dans le noir, pour moi tout seul.

Je me réveille et la première chose que je fais est de me réjouir de l'avoir dans ma vie.

Toute la journée, j'ai des bouffées de gratitude en pensant à mon ami, à ce frère, ce confident.

Toute la journée je pense à lui et suis joyeux.

Je pense à lui et je l'admire et je suis fier de l'avoir dans ma vie, de l'avoir rencontré, de l'avoir séduit, de m'être laissé séduire.

Je lui parle, je l'écoute.

Je le partage avec joie avec tous ceux qui le connaissent et qui l'aiment. Je suis heureux qu'on l'aime.

Je l'aime chaque jour un peu plus.

Je parle de lui, très souvent.

Je le regarde, il me regarde.

Avec lui je n'ai plus peur de rien.

Il me donne cette sensation extraordinaire et normale d'exister enfin.

Sans paroles

Samedi 14 janvier 2012

Faut-il parler de sa foi ? Et comment le faire ?

C'est une question cruciale pour beaucoup de chrétiens. Une question qui suscite parfois un lourd sentiment de culpabilité ; j'ai rencontré de nombreux catholiques qui se sentent coupables de se sentir incapables... d'évangéliser. Il plane sur eux comme un fantasme, l'idée que s'ils ne proclament pas leur foi à tout va, sur la place publique, ils ne seront jamais de bons chrétiens. Or ils ont beau avoir la foi, ils se sentent timides, perdus, tremblants quand il s'agit d'en parler aux autres, surtout si ces autres semblent hostiles. Ces braves chrétiens sont comme les apôtres après la mort de Jésus, et avant la Pentecôte : enfermés en eux-mêmes, sans confiance en eux, la bouche cousue par la peur.

On peut parler, je crois, si on a quelque chose à dire. Témoigner de sa foi, c'est-à-dire de sa relation personnelle, joyeuse, sereine, constructive, régénérante, heureuse avec Dieu, doit être avant tout un plaisir. Quand je fais la rencontre d'une personne extraordinaire, d'un nouvel ami que je me mets à aimer, je n'ai qu'une envie : non seulement le présenter à ceux que j'aime, mais être le premier à le faire. « Tu te souviens ? C'est moi qui vous l'ai présenté... » Proclamer, affirmer, annoncer, évangéliser (autant de mots impressionnants qui font peur), c'est tout simplement se faire plaisir en annonçant le premier une bonne nouvelle toute simple.

Pour ma part, Jésus est entré dans ma vie et je n'en reviens toujours pas, j'étouffe de gratitude et j'ai envie de le présenter à tous ceux qui cherchent. Ça ne me demande aucun courage, aucune abnégation, aucune qualité particulière ; j'en ai envie, ça me fait plaisir.

Mais ce n'est pas pour autant que tous les croyants doivent se mettre à parler. Je crois que chacun peut témoigner de sa foi de façon différente. Certains prêtres décident de vivre au plus près des hommes, dans des HLM par exemple. D'autres s'enferment à vie dans un monastère, s'isolent et prient. Chacun selon son talent, ses qualités, son inspiration.

C'est pourquoi il y a mille façons de montrer sa foi sans forcément en parler. Être là, tout simplement, adresser un bon sourire, faire un petit geste qui aide, donner de son temps aux autres, en secret. Prier aussi, prier pour les autres, prier pour soi, pour avoir toujours la foi. On peut faire de grandes choses en priant, on peut accomplir des prodiges en silence, sans jamais déclarer sa foi.

Parfois, il vaut mieux donner envie que donner des leçons.

Saint François d'Assise disait : « Annoncez l'Évangile en tout temps, si nécessaire utilisez des mots ! »

À propos d'un père de famille

Samedi 21 janvier 2012

Un homme vient me trouver pour me raconter comment il a retrouvé le chemin de la foi en rencontrant Joseph, le bon Joseph, le père de Jésus, le saint homme.

En écoutant ce pèlerin témoigner de sa rencontre personnelle avec Joseph, ce Joseph qui lui a parlé, j'éprouve soudain une émotion, dont la saveur m'est familière; il s'agit d'une émotion de père de famille. Une émotion où se mêlent des flots de tendresse, de fierté, de peurs vaincues et de peurs à venir aussi.

Ce témoin me fait le cadeau de sa rencontre, il me présente son ami, il me permet de connaître à mon tour Joseph.

Que savais-je de lui ? Pas grand-chose en vérité. C'était un homme réservé, obéissant, fidèle.

On le voit se plier aux demandes du Seigneur : il accepte l'incroyable et ne répudie pas sa femme. Plus tard il quitte son petit confort pour aller émigrer en

Égypte. Il attend là-bas. Puis il repart, et accepte d'aller vivre à Nazareth.

Puis plus rien.

Si, il ne réagit pas quand Jésus, très jeune, coupe le cordon d'avec ses parents au Temple. On le voit encaisser sans sourciller l'allusion du jeune Jésus à son autre père, le vrai. Joseph ne dit rien.

Joseph ne dira plus rien qui nous soit rapporté.

Mais aujourd'hui, grâce à ce frère venu me trouver, je devine les contours de cet homme, de cet homme prodigieux d'humilité, de force, d'efficacité.

Joseph a... élevé Jésus pendant trente ans. Rien que ça, c'est inouï. Joseph a élevé Dieu. Quelle marque de confiance Dieu lui a faite !

Joseph est l'essence même du père de famille. Tout d'abord parce qu'il est un père adoptif, comme nous le sommes tous, nous les pères qui n'avons pas choisi l'enfant à naître, ne l'avons pas porté dans notre ventre, nous qui lui offrons avec pudeur tout ce que nous pouvons, nous qui ne parvenons pas toujours à lui donner ce dont il a besoin, nous qui le regardons grandir à son insu, le regard mouillé ou amusé, en attendant avec crainte et envie le jour où il nous quittera pour toujours. Alors, ce jour venu, nous saurons peut-être avoir accompli notre mission de père.

Joseph est extraordinaire.

Il est extraordinaire par sa douceur, son silence, sa bonté, son grand courage.

Comme j'aimerais un jour avoir été un père comme celui-là !

Patience !

Samedi 28 janvier 2012

Dans les années 1970, en cours de géographie, je me souviens que l'espérance de vie moyenne des Français était de 74 ans pour les femmes et de 69 ans pour les hommes. Aujourd'hui où l'on vit jusqu'à 100 ans, une femme de 74 ans est considérée comme jeune encore.

On dit souvent que Louis XIV était adulte à 13 ans, à une époque où l'on mourait jeune.

Et si on remonte plus loin encore, à une ère où la médecine ne connaissait que l'huile, le vin et quelques onguents pour soigner cancers et infarctus, si on arrive à Nazareth, dans cet endroit perdu dont on ne sait pas grand-chose, on rencontre Jésus, le Fils de Dieu.

Il sait depuis toujours, et en tout cas il nous l'a dit dès l'âge de 12 ans quand il est resté seul au Temple, qu'il est le Messie, qu'il a une mission à accomplir, qu'il est venu sauver le monde et apporter aux hommes l'amour, la paix, la joie, la Parole...

Devant l'ampleur de la tâche, se précipite-t-il ? À 18 ans, jeune homme plein de fougue et de nobles ambitions, quitte-t-il le foyer parental pour annoncer la Bonne Nouvelle ?

Non.

Il attend jusqu'à ses 30 ans, sans rien dire, sans laisser rien transparaître.

Il attend dans le calme et le silence.

Il laisse mûrir sa mission en lui.

Dans l'époque hystérique et pressée dans laquelle nous baignons, où nous croyons maîtriser le temps, l'âge, la vie, quel exemple de sagesse...

Même quand je fais l'effort de m'isoler en silence pour prier, je suis toujours pressé ! Je veux une prière efficace, rapide, qui ne prenne pas trop de temps, qui ne perturbe pas mon agenda chargé. Et tandis que les idées se bousculent dans mon esprit avide de résultats, j'oublie l'essentiel : savoir attendre.

Seulement quand je renonce à mon agenda personnel, la prière, fleur timide et parfumée, pousse sur mon tas de fumier personnel.

Apprendre à regarder

Samedi 4 février 2012

Quand on se sent suffisamment riche, apaisé, que l'on est plus inquiet de manquer, alors il nous devient plus facile de donner à celui qui a besoin.

Quand on se sent suffisamment aimé, c'est que l'on se sent aimé par Dieu. Alors seulement on est apaisé, parce que cette inquiétude naturelle de manquer d'amour, qui nous ronge les tripes, s'est éteinte.

Alors il nous devient plus facile d'aimer l'autre, de distribuer sans compter cette profusion d'amour que nous recevons de Dieu comme une source intarissable et généreuse. Nous pouvons devenir des magiciens, prenant l'amour à la source et le distribuant sans que personne puisse dire d'où nous le tirons.

Redonner l'amour reçu, ça commence par apprendre à regarder l'autre d'une façon nouvelle. Apprendre à ouvrir les yeux, à laver son regard comme on lave son cœur, comme la pluie lave un paysage et nous le rend tout neuf. Mettre de la bienveillance dans ses yeux et les ouvrir, pour découvrir de nouvelles couleurs, toutes neuves, aux contrastes inédits. Chercher chez l'autre ce qu'il y a de beau, de divin, de saint. Quand on cherche cela, comme lorsqu'on cherche un être aimé dans une foule, impatient et déjà heureux des retrouvailles imminentes, on trouve. On trouve chez l'autre un peu du Dieu qui bat dans notre cœur. Et il devient alors facile d'aimer cet autre, quel qu'il soit.

Antony Bloom, moine orthodoxe, nous dit : « À moins de regarder une personne et de voir la beauté en elle, nous ne pouvons l'aider en rien. [...] Le Christ regardait toutes les personnes qu'il rencontrait, la prostituée, le voleur, et voyait la beauté cachée en eux. C'était peut-être une beauté déformée, abîmée, mais elle était néanmoins beauté, et il faisait en sorte que cette beauté rejaillisse. C'est ce que nous devons apprendre à faire avec les autres. »

Comme un enfant

Samedi 11 février 2012

Je poursuis ma route de pèlerin, mon chemin de chrétien, confiant dans l'appel que me lance chaque jour Jésus. Je vais de témoignage en témoignage, toujours le même, jamais le même. Chaque fois, j'y découvre la présence de Jésus, je le vois, je le serre dans mes bras quand je parle de lui.

Je grandis, donc. Je ne suis plus tout à fait le débutant apeuré de mes débuts, il y a cinq ans. Je découvre à chaque témoignage une nouvelle facette de mon amour pour Jésus. Je prends de l'assurance, tandis qu'il déploie ses ailes en moi, qu'il utilise mes mots pour parler, mes yeux pour regarder.

C'est plaisant de grandir, de découvrir de nouveaux horizons, de nouvelles possibilités.

Mais certains me voient plus vieux, plus grand que je ne suis. Ils me demandent des choses que je suis incapable de réaliser. Je lis dans leur regard trop de confiance dans mes petites capacités, qu'ils imaginent immenses.

Moi je n'ai pas oublié que je n'ai que cinq ans d'âge mental spirituel.

J'essaye de répondre aux questions qu'on me pose, mais quand je sais que je n'y arriverai pas, je leur dis la vérité : malgré ma grande carcasse de cinquantenaire, ma gouaille de producteur, je ne suis qu'un enfant, qui tient son père par la main. Je tiens la main de Jésus, avec confiance, avec amour. Comme un enfant qui tient la main de sa mère dans un grand magasin.

La fureur et la rage qui vrombissent au-dessus de ma tête ne me font plus peur, blotti comme je le suis contre celui qui me guide et qui m'aime.

Mon travail

Samedi 18 février 2012

La découverte la plus spectaculaire que j'ai faite en suivant Jésus, c'est l'amour à profusion dans lequel je baigne désormais. Me savoir aimé par Jésus me soulage, m'apaise, me rend joyeux, me donne envie d'être généreux, de redonner à d'autres cet amour qui jaillit sans cesse.

Un jeune homme plein de bonnes intentions, venu me trouver cette semaine, se demandait comment mettre son métier de journaliste au service de sa foi. Je lui ai dit que pour moi, la foi n'était qu'une question de redistribution d'amour, de cet amour divin, de cet amour reçu. Je me garde bien de savoir si Dieu m'a donné une sorte de mission professionnelle que je devrais m'efforcer de déchiffrer avec grande difficulté (encourant le risque terrible d'échafauder de mauvaises interprétations tendant à glorifier ma petite personne avide de vanité), une mission d'évangélisation à travers mon travail de producteur, car pour l'instant je suis comme un homme qui a trouvé une source jaillissante d'eau dans le désert et veut en faire profiter tous les assoiffés qu'il croise. Là est mon urgence : je gesticule, j'attire l'attention, je m'agite pour porter au plus grand nombre cette eau vitale qui vient de cette source secrète que j'ai trouvée... Je suis producteur, mais si j'étais boulanger, devrais-je inscrire des croix sur mes baguettes ? Non, je ferais la même chose : redistribuer comme je peux, du mieux que je peux cet amour désaltérant à ceux qui veulent, à ma famille, à mes collaborateurs, à mes clients, à tous les inconnus les plus proches... Et peut-être mon pain deviendrait-il meilleur, qui sait ?

Tandis que je disais cela au jeune homme, je sentais qu'il manquait quelque chose à mon discours.

Plus tard dans la journée, j'ai compris une chose toute simple.

Oui j'ai une mission, qu'il n'est pas nécessaire de déchiffrer, tant elle est limpide comme l'eau qui jaillit à profusion.

J'ai un travail évident à accomplir, chaque jour, avec conscience, avec application : je dois entretenir mon amour de Dieu, mon amour de Jésus. Je dois cultiver ce jardin, un peu chaque jour.

Biner, prier, sarcler, aimer, ensemencer, sourire...

Voilà le programme.

Frère

Samedi 25 février 2012

Nous sommes au restaurant. Je suis là pour l'aider. Je constate avec plaisir qu'il va manger à sa faim, ce matin. Entrée, plat, dessert. Ses yeux se réjouissent en voyant arriver les plats. Moi je fais attention à ma ligne, je veux maigrir. Pour lui c'est différent, il lui arrive d'avoir faim toute une semaine.

J'ai tout, il n'a rien, même pas ses papiers. Je suis là pour l'aider, dans ses démarches administratives. On a des pistes, on va peut-être y arriver. Ou pas. Je n'ose pas lui dire que je suis un peu préoccupé. Pour lui c'est différent, ce n'est pas une préoccupation, c'est une question de survie.

Il a fui son pays, dans des conditions extraordinaires, parce qu'il risquait sa vie. Une nuit il a pris ses enfants et est parti de chez lui, pour toujours. Il a dû les laisser dans un autre pays, en attendant de les retrouver. C'était il y a six ans. Il me dit son inquiétude pour leur devenir, son sentiment de culpabilité de les avoir laissés là-bas. Je pense à mes enfants que je dorlote chaque jour. Demain je pars en vacances.

Il est noir, je suis blanc, il est pauvre, je ne le suis pas. Nous sommes assis à la même table, tout en appartenant à deux mondes différents, deux mondes parallèles. Je suis là pour l'aider, et tandis que je sais avec certitude qu'il m'aide autant que je l'aide, il m'exprime sa reconnaissance avec trop d'effusion. Bref, tout est là pour nous séparer.

Mais nous sommes réunis par Jésus. Lui prie souvent le Saint-Esprit. Et cela change tout. Tout. Nous sommes assis à cette table comme les pèlerins d'Emmaüs. Quand nous nous mettons à parler du Seigneur, toutes nos différences s'estompent, il n'y a plus de Blanc et de Noir, de citoyen et de sans-papier, de riche ou de pauvre, nos histoires respectives se rejoignent, nos buts deviennent vraiment communs.

Nous sommes deux frères, grâce au Seigneur.

Une fois que nous avons rendu grâces au Seigneur, nous devenons ces frères contents de se voir et de passer un bon moment ensemble, heureux de rigoler dans ce restaurant devenu désert. Il se moque gentiment de moi, et je fais de même, tandis que l'après-midi s'annonce.

Malentendu

Samedi 3 mars 2012

Un matin de cette semaine, avant de partir faire mon tour en vélo, pendant lequel je prierai, je consulte mes e-mails. Quelle n'est pas ma stupeur, vite transformée en colère, en lisant un petit message anodin d'un client important, avec lequel j'ai une relation de confiance : en quelques lignes, il annule un accord que nous avons mis tant de temps à bâtir !

C'est un e-mail qui ne m'est même pas adressé, je suis seulement en copie.

La rage me foudroie sur place. J'hésite à répondre sur-le-champ, par un e-mail grinçant.

Je décide de partir d'abord faire mon tour en vélo.

Il y a des bourrasques de vent, qui caressent ma tête nue et semblent s'accorder avec les tourments de ma colère.

Je pédale rageusement et mille pensées assassines viennent à moi concernant ce client arrogant, malhonnête, pervers, qui joue avec moi comme le chat avec la souris. Tout cela ne m'étonne pas ! Cet homme est tellement imbu de lui-même ! C'est un sadique de surcroît, qui a besoin de faire souffrir les plus faibles que lui pour se sentir exister...

Plus je pédale, plus je trouve d'arguments contre cet homme. D'ailleurs, je me vois dans divers scénarios où je lui cloue le bec, devant tout le monde. Je brille par mon ironie et la pertinence de mes raisonnements. Chaque fois, le client est à terre...

Et voilà que j'arrive à la petite chapelle où j'aime me recueillir. Je me rends compte, que tout à mon emportement, je n'ai pas commencé à prier. Je m'y mets, tout seul sur un banc.

En priant, je trouve un peu d'apaisement. Peu à peu ma colère s'éloigne et j'essaye, en bon chrétien, de pardonner à mon homme. Difficile... J'aurais l'impression de me coucher devant tant d'arrogance...

Finalement j'entends une suggestion dans ma prière, celle de ne pas répondre par écrit, mais plutôt d'appeler le client pour m'expliquer sereinement avec lui. Je me félicite d'être arrivé en si peu de temps, et grâce à la prière, à tant de sagesse...

Rentré chez moi, j'allume mon téléphone portable. J'ai reçu un message, la veille au soir. C'est mon client, qui me prévient qu'il m'a envoyé un e-mail dont je ne dois pas tenir compte, qu'il a dû rédiger pour des raisons juridiques, et surtout que je ne m'inquiète pas, notre accord est toujours valable !

Je suis soulagé, puis je rougis tout seul dans mon coin de mon orgueil, mon terrible orgueil.

Qu'en sera-t-il ?

Samedi 10 mars 2012

Je rends visite à un homme que j'aime. Il est à l'hôpital, après une opération majeure. Il aurait pu mourir, me laissant seul sur Terre.

Un contrat qui devait arriver « sans problèmes » de la part d'un client se fait attendre. Je décide de ne pas m'en inquiéter outre mesure, car le client a autre chose à faire, il a pris du retard, comme cela arrive souvent. Mais il s'agit d'un contrat structurant... Sans cette commande, le petit château de cartes qu'est notre entreprise risque de s'effondrer...

Un résultat d'examen médical tombe, inattendu et très inquiétant, lors d'une visite de routine. En attendant les résultats des examens complémentaires, je suis rongé par une inquiétude dévorante, un feu dont les flammes viennent lécher tous les organes de mon ventre. Je patiente, au bord d'une table au restaurant, sans appétit. Finalement le verdict tombe : fausse alerte. L'intensité de ma joie me révèle l'ampleur de ce qu'était ma détresse.

Une dispute survient, avec une personne aimée, qui m'assène une critique bien sentie, dont la justesse vient me frapper comme un coup de poing. Le paisible contentement que j'ai de moi-même s'effondre et le reproche qui m'est fait commence à me travailler tout en lenteur, provoquant en moi ce petit goût de mort dans la bouche. Il me faudra quelques jours pour accepter le reproche et retrouver la joie de vivre.

Ces différents épisodes de ma vie banale me rappellent désagréablement ma faiblesse, mon impuissance.

Chaque fois, j'ai prié. Je me suis appuyé sur Dieu. Mais j'ai senti combien ma foi était fragile, face à la peur, et surtout face à la terreur anticipée à l'idée de souffrir.

Cette semaine, je suis allé témoigner de ma foi, à deux reprises : devant deux cent cinquante élèves de seconde et une cinquantaine de paroissiens pleins de bonne volonté. Chaque fois, j'ai eu le beau rôle de celui qui brille devant tous. Mes auditeurs étaient venus voir cette personne qui a rencontré la foi.

En pensant à mon immense capacité à avoir peur, je me suis senti à deux reprises un imposteur, un camelot venu vendre un produit frelaté.

En effet, qu'en sera-t-il de ma foi, quand les vraies épreuves de la vie s'abattront sur mes épaules ?

Libre

Samedi 24 mars 2012

Je pars au petit matin, au soleil levant, dans la froidure de l'hiver qui n'en finit pas de mourir. Je frissonne dans ma voiture. J'éteins la radio pour pouvoir prier.

Après une heure de petites routes, me voici au pied d'un grand lycée. Des grappes de collégiens s'acheminent lentement vers l'entrée, en rigolant, en bavardant. Mon petit trac familier me serre la gorge, tandis que je m'avance vers une femme inconnue qui me tend la main, soulagée de me voir arriver. On me guide à travers les couloirs vers une salle, où cent soixante élèves de terminale attendent. Au fond, toute seule, une petite table sur laquelle sont posés une bouteille d'eau en plastique et un micro.

Comme chaque fois que je vais témoigner, je me demande bien ce que je fous là. L'auditoire aussi, du reste. On se jette des coups d'œil inquisitoires, tandis que la professeure principale me présente.

Puis je me lance, et c'est parti. Ça se passe bien, je les fais rigoler une fois ou deux. Je ne sais pas si je les touche, mais je leur suis reconnaissant de m'écouter. Chaque fois je raconte la même histoire, mon histoire, *et qui n'est, chaque fois, ni tout à fait la même, ni tout à fait une autre*, comme dit Verlaine. Je suis surpris moi-même des mots qui sortent de ma bouche, des images nouvelles qui me viennent pour illustrer mon récit. C'est ce renouveau qui me permet de me reconvertir, tout en parlant. Parfois, je balaye du regard ces visages attentifs, ces yeux qui m'accrochent et je pense à ces jeunes, au début de leur vie. Ils me voient comme un homme terriblement vieux. Je n'espère aucun résultat de ces témoignages, mais je me demande souvent ce que peut leur apporter mon histoire d'amour avec Jésus ; de l'espoir ? Une piste intrigante à explorer ? Une distraction ? Une occasion de mépris ?

Pour la première fois l'autre jour je me suis dit que Dieu pouvait leur apporter la liberté. Je les voyais, ces jeunes débutants de la vie, engoncés dans leurs problèmes, leurs complexes, dépendants de leurs parents, de leurs examens à venir, de leurs désirs inexprimés... Et j'ai pensé que s'ils acceptaient un jour de donner leur vie à Dieu, de se livrer à Lui, d'assouvir humblement leurs propres volontés à la Sienne, ils trouveraient la liberté sur Terre.

Ce n'est pas chose facile de se donner à Dieu. D'ailleurs on donne, on reprend, on redonne... On se méfie, on croit qu'on va faire mieux.

Mais quand, par moments, on se donne vraiment à Lui, complètement, sans crainte, on fait l'expérience aérienne et délicieuse de voler.

Un moment d'intimité

Samedi 31 mars 2012

Chaque matin je pose ma main gauche sur le volant, tandis que la main droite tourne la clé de contact. Le moteur se met à ronronner. Immédiatement la radio fait entendre son bavardage incessant, dans lequel les guerres, les petites phrases assassines en politique et les promotions en hypermarché se battent pour leur place au soleil.

J'éteins. Le silence qui s'ensuit me paraît soudain précieux. Je démarre et prends le chemin quotidien du travail.

Ce trajet en solitaire et en silence est devenu mon moment privilégié de prière, mon petit moment d'intimité avec Dieu. Je lui confie mes peines, mes inquiétudes, mes joies aussi, mes désirs secrets, mes fautes honteuses. Je ne sais jamais où cet entretien va me mener, tandis que je conduis machinalement à travers ces rues familières, toujours les mêmes.

Quand j'arrive au bureau, parfois je n'ai pas terminé,

nous étions en pleine conversation, et moteur éteint sur ma place de parking, je grappille quelques minutes supplémentaires avant de me lancer dans la mêlée de la journée qui s'annonce.

Une fois ma prière achevée, je me sens plus serein, purifié, encouragé, soutenu. Presque insouciant.

Quelle chance nous avons, de pouvoir solliciter une audience privée chaque jour avec Dieu ! Quand je pense à toutes ces années où je m'en suis privé...

Désormais je viens me désaltérer à cet entretien quotidien, y puiser ma force et ma sérénité. Et ma joie aussi.

Le soir, fatigué et fourbu, je pense à Jésus et m'endors dans ses bras.

Joie, sérénité et bienveillance

Samedi 14 avril 2012

J'aime cette période si particulière qui suit Pâques.

Tout est calme, serein. Le printemps est là, on le devine soudain dans le parfum exténuant des plantes en pleine puberté. L'air est encore frais, mais une promesse de chaleur pointe parfois sous les timides rayons du soleil. Tout semble se préparer à quelque chose de beau, de joyeux.

Marie Madeleine, celle que j'aime tant, découvre la disparition du corps de Jésus. Elle ne reconnaît pas tout de suite le jeune homme qui lui parle. Quand elle comprend, elle court annoncer la nouvelle aux apôtres apeurés, elle vient les délivrer de leur misère, de leur solitude, de leur peur, de leur colère.

Jésus apparaît aux deux compagnons d'Emmaüs, puis aux apôtres.

Tout cela est joyeux, serein et plein de bienveillance. À l'inverse de la passion de Jésus à laquelle nous venons d'assister, tumultueuse, pleine de lâchetés et d'une tristesse infinie.

Je crois que les symptômes de la foi sont la joie, la sérénité et la bienveillance. L'humilité aussi, suprême qualité, qui est plus rare et plus difficile à cultiver. Mais la joie, la sérénité et la bienveillance sont données d'office, sans conditions. Quand on connaît une relation avec Dieu, on devrait ressentir joie, sérénité et bienveillance et faire profiter à tous ceux que l'on rencontre de ces trois bienfaits que nous prodigue à volonté le Seigneur. Il n'est pas nécessaire de révéler aux bénéficiaires de ces fruits, que l'on doit distribuer sans compter, la provenance de ces trésors. Donnons à profusion à tous ceux que nous croisons, à tout moment, des mesures bien secouées de joie, un lit de sérénité, des torrents silencieux de bienveillance. Tirons sur le compte personnel de Dieu, qui n'est jamais à découvert. On peut y aller, se servir, et commencer la grande distribution.

Se laisser apprivoiser

Vendredi 20 avril 2012

Quand je veux parler d'humilité, je sais que je vais sur des terrains incertains, des sables mouvants.

Pour moi l'humilité est la qualité suprême, la grâce par essence.

Mais contrairement aux autres dons de Dieu, qui sont comme des fruits qui se cueillent naïvement, l'humilité, elle, se cache. Et plus je la cherche, moins je semble la trouver.

Tandis que je prie, en essayant de m'ouvrir, de me donner, de laisser Dieu entrer en moi sans que j'y mette de conditions, je me rends compte qu'il y a des gens que j'ai plus de mal à inclure dans mes prières. Ce sont souvent ceux que je regarde comme plus grands que moi.

Tandis que j'essaye de me mettre au service des autres, le plus simplement possible, je me rends compte que je me valorise moi-même. J'ai ma récompense avant même d'avoir commencé.

Tandis que je comprends, que j'apprécie mes faiblesses qui me font sentir si parfaitement combien je suis votre frère, je m'aperçois avec stupéfaction que je passe mon temps à me bâtir un petit piédestal à ma gloriole personnelle. Quand je crois mon ego enfermé pour toujours dans les oubliettes de mon âme, celui-ci, comme autant de mauvaises herbes qui traversent le béton, pointe son nez dans mes affaires et me pousse au-devant de la scène.

L'humilité ne s'apprivoise pas, ne se contrôle pas.

On se laisse apprivoiser par elle. Il faut se tenir prêt, disponible à sa morsure, à sa brûlure qui fait mal.

Qui fait mal, mais rend heureux comme rien ne rend heureux.

Table des matières

Photocomposition *CMB* Graphic
44800 Saint-Herblain

Premier tirage
Achevé d'imprimer en France en décembre 2012
par Normandie Roto Impression s.a.s. 61250 Lonrai
Dépôt légal : janvier 2013 – N° d'impression : 124781